JOÃO AUGUSTO POMPEIA
& BILÊ TATIT SAPIENZA

OS DOIS NASCIMENTOS DO HOMEM

Escritos sobre
terapia e educação
na era técnica

Labrador

© João Augusto Pompeia e Bilê Tatit Sapienza, 2024
Todos os direitos desta edição reservados à Editora Labrador.

Coordenação editorial Pamela J. Oliveira
Assistência editorial Leticia Oliveira, Jaqueline Corrêa
Projeto gráfico, diagramação e capa Amanda Chagas, Marina Fodra
Preparação de texto Maurício Katayama
Revisão Daniela Georgeto

Dados Internacionais de Catalogação na Publicação (CIP)
Jéssica de Oliveira Molinari - CRB-8/9852

Pompeia, João Augusto

Os dois nascimentos do homem : escritos sobre terapia e educação na era da técnica / João Augusto Pompeia, Bilê Tatit Sapienza.
2. ed. - São Paulo : Labrador, 2024.
176 p.

ISBN 978-65-5625-595-8

1. Daseinsanalyse 2. Psicoterapia I. Título II. Sapienza, Bilê Tatit

24-1937   CDD 150.195

Índice para catálogo sistemático:
1. Daseinsanalyse

Labrador

Diretor-geral Daniel Pinsky
Rua Dr. José Elias, 520, sala 1
Alto da Lapa | 05083-030 | São Paulo | SP
contato@editoralabrador.com.br | (11) 3641-7446
editoralabrador.com.br

A reprodução de qualquer parte desta obra é ilegal e configura uma apropriação indevida dos direitos intelectuais e patrimoniais dos autores. A editora não é responsável pelo conteúdo deste livro. Os autores conhecem os fatos narrados, pelos quais são responsáveis, assim como se responsabilizam pelos juízos emitidos.

SUMÁRIO

Apresentação da 2ª edição —— 5
Apresentação da 1ª edição —— 10
Um – Liberdade —— 15
Dois – Ética e moral —— 32
Três – A profissão do professor —— 47
Quatro – Corporeidade —— 74
Cinco – Existência e perda —— 92
Seis – Sacrifício do sonho —— 103
Sete – A terapia e a era da técnica —— 121
Oito – Daseinsanalyse e clínica —— 139
Nove – Tonalidades afetivas na terapia —— 158

APRESENTAÇÃO DA 2ª EDIÇÃO

Os dois nascimentos do homem, surpreendente título, é a mais perfeita obra do encontro dos psicólogos João Augusto Pompeia e Bilê Tatit Sapienza, que chamamos, de modo afetuoso e respeitoso, simplesmente como Guto e Bilê.

Bilê pôde oferecer ao Guto a necessária possibilidade de finalização da escrita de roteiros e anotações que eram desenvolvidas nas palestras que ele realizava, como convidado de variadas instituições educacionais e de saúde, registradas, em sua maioria, em fitas K7. O cuidado de Bilê em trazer para a escrita as reflexões que escutava, preservando-lhe o sentido e originalidade, foi sempre notável.

Sem o rigor sistemático da formação dos filósofos, mas marcado pelo debruçar-se rigoroso e com liberdade, desenvolvido em sua formação de psicólogo e ao longo de sua carreira como terapeuta e professor, Guto dedicou-se — e continua se dedicando — à busca pelo entendimento das questões existenciais que mais concernem à própria condição humana.

Em todo o percurso deste livro, e nas questões que ele oferece em profunda reflexão, podemos encontrar, mas nem sempre claramente apontados, traços de uma trajetória pessoal desenvolvida com constante dedicação reflexiva.

Dos primeiros anos de seus estudos universitários, podemos intuir o encantamento de Guto com a fenomenologia husserliana, que ficou mais identificada com a sua orientação da "volta às coisas mesmas". A importância desse pensamento foi apresentada ao Guto pela sua primeira e grande mestra na PUC-SP, Profa. Maria Fernanda Seixas Farinha Beirão.

Dos anos seguintes, ainda no início de sua carreira como terapeuta e professor, podemos ainda reconhecer claramente a radical importância do pensamento de Martin Heidegger, sobretudo de *Ser e tempo* e *O que é metafísica*, e da inovadora Daseinsanalyse, no âmbito da compreensão de sua atuação clínica, apreendidas a partir do encontro com o terapeuta daseinsanalista Solon Spanoudis. Deste encontro, que possibilitou também o contato direto com Medard Boss, em seminários ocorridos em São Paulo, germinou-se o modo todo próprio do Guto aproximar e desenvolver a compreensão de questões, como as que são apresentadas neste livro.

Podemos nos aproximar, especialmente, da hermenêutica heideggeriana através do primeiro tema, *Liberdade*, e do quarto, *Corporeidade*.

Sobre a *Liberdade*, Guto esclarece de início:

> Liberdade é uma palavra que circula com muita frequência em nossa fala cotidiana. Falamos do direito à liberdade, aliás, previsto na Declaração dos Direitos Humanos; falamos de governos que não respeitam a liberdade, de pais que dão muita liberdade aos filhos, da liberdade de expressão, do medo da liberdade, da liberdade de escolha, da liberdade que se conquista, da liberdade que é importante não perder, da liberdade que precisa ser bem usada, e muito mais. Mas exatamente o que estamos falando com essa palavra?

E, em seguida, responde:

A liberdade se identifica com o modo de ser do Dasein, com o modo de ser do homem. A liberdade é um dado, um dom, o maior dom; ser livre é a forma de ser do Dasein e, como tal, esse ser livre se manifesta em três dimensões: o ser aberto nas possibilidades, o ser fundado nas possibilidades, o ser lançado nas possibilidades.

Do tema *Corporeidade*, que Heidegger desenvolveu com mais atenção na sequência de aulas, conhecida como *Seminários de Zollikon*, Guto nos diz:

> Distanciamo-nos do pensamento cartesiano, em que o corpo do homem só pode ser concebido como pertencente à matéria, *res extensa*, totalmente distinta do pensamento, *res cogitans*. Corporeidade, considerada como um existencial, não é algo que o homem tem, ela é, antes, seu modo de ser.

Segue esclarecendo:

> Concebemos que a existência humana, ou seja, o Dasein, que é o ser-aí, se estrutura de modo originário, essencial e faticamente como ser-no-mundo, e que a corporeidade é um existencial, é um caráter constitutivo da existência. Existir é "ser-corporal-mente-no-mundo-junto-às-coisas-com-os-outros".
> O ser corporal de Dasein é o existencial que, mais de perto, nos conta que existir é ao mesmo tempo indigência e potência de ser.

Indigência, pequenez, necessidade, limitação e dor, "não poder deixar de ser visível" são experiências que a corporeidade impõe à existência humana, aponta Guto, de modo enfático e com grande sensibilidade.

A questão da liberdade, em seu âmbito ontológico, como ser livre do homem, está presente como pensamento fundante, nos temas apresentados em seguida — *Existência e Perda* e *Sacrifício do sonho* —, que são vistos sempre em seu caráter ôntico-ontológico, próprio de todos os acontecimentos humanos.

Em *Ética e Moral*, nos deparamos com uma reflexão sobre a suposição de uma neutralidade e da suspensão dos juízos morais no espaço da terapia, tendo como foco a Daseinsanalyse. Em torno ainda da prática clínica daseinsanalítica, podemos encontrar em *A Terapia e a Era da Técnica*, *Daseinsanalyse e Clínica* e *Tonalidades Afetivas na Terapia*, outra possibilidade de compreensão, para além dos princípios de determinação, eficiência e controle.

Em *A profissão do professor*, encontramos, em especial, a presença do pensamento de Hannah Arendt, a quem Guto muito tem respeitosa admiração.

A reflexão desenvolvida nessa parte, segue indagações como "o que caracteriza a especificidade do trabalho do professor?", "o que traz o professor para a escola?", "será que o controle externo da liberdade é o que vai garantir efetivamente a segurança?". Por fim, Guto conclui:

> O professor se dedica a acolher e a comprometer-se com a transmissão do legado que cada geração deixa para a seguinte. E desse legado faz parte, muito especialmente, uma compreensão de quem é o ser humano, de seu modo de ser, que o caracteriza como aquele que, não se limitando ao real, adentra o possível, gesta sonhos e procura trazê-los para o real, realizando-os, consumando, assim, sua história e a história do mundo. Nessa mesma perspectiva, ele a quem cabe essa tarefa de passar o legado, acolhe e se compromete com a busca da realização das suas próprias potencialidades bem como daquelas do aluno, como aquele que pertence à geração que está chegando. E, enfim, ele acolhe e se com-

promete não só com a transmissão de um conhecimento já pronto, mas com a valorização do próprio ato de conhecer, esse conhecer que implica um movimento que leva a poder aproximar-se do que está no encobrimento.

Percorrendo os escritos deste livro, leitor amigo, não deseje encontrar indicações do que deve fazer ou um manual de como deve agir, para se tornar um daseinsanalista. No entanto, o que você pode encontrar na sequência dos temas apresentados, é uma clara e franca reflexão que se propõe a mostrar, aos que se dispuserem com olhar atento, o que frequentemente permanece mais velado, a riqueza das possibilidades existenciais humanas, que se revelam a cada vez.

Maio 2024
Maria Beatriz Cytrynowicz

APRESENTAÇÃO DA 1ª EDIÇÃO

*"Pelo que, então, tem de decidir-se o ser-aí? Pela efetiva recriação para si mesmo do saber autêntico sobre em que consiste o que é **propriamente possibilitador** de seu próprio. E o que significa isto? Que para o ser-aí enquanto tal sempre precisa ser uma vez mais iminente o instante, no qual ele é trazido para diante de si mesmo enquanto o propriamente obrigatório. Diante de si mesmo — não como um rígido ideal e um modelo originário firmemente fixado, mas diante de si mesmo como o que arranca para si uma vez mais justamente a possibilidade própria e precisa se assumir em tal possibilidade."*
(Martin Heidegger, Os conceitos fundamentais da metafísica: Mundo, finitude, solidão, p. 195)

Aqueles que se dedicam à leitura de um pensador passam meses, anos, décadas se dedicando à reconstrução crítica e à problematização de contextos teóricos no âmbito da exposição e da compreensão das ideias desse pensador. Todo esse esforço acaba invariavelmente trazendo consigo um adensamento, um aprofundamento, uma complexificação do que está em jogo na vida mesma de seu pensamento. Tudo isso desempenha um papel fundamental no discurso acadêmico sobre os filósofos da tradição, assim como na proliferação dos debates eruditos sobre suas obras. Paradoxalmente, contudo, quanto mais se intensifica a leitura "técnica" do pensador, mais distante ele parece se mostrar das questões propriamente ditas da vida dos homens em geral, tanto mais afastado ele se mostra da materialidade constitutiva do existir. Temos aqui muitas vezes um fenômeno semelhante àquele que Nietzsche expressou certa vez, por meio das palavras cáusticas e paradigmáticas de seu Zaratustra, como o fenômeno da leitura: "Quem conhece o leitor não faz mais nada para o leitor. Outro século de leitores e até mesmo o espírito estará fedendo"[1]. O espírito estagnado, apodrecido, vampirizado. É claro que Nietzsche visa aqui a um leitor bastante específico: o leitor intelectualizado, dedicado antes de tudo ao controle formal do texto, o leitor analítico, ultraespecializado, que busca incessantemente se apoderar do passado, esmiuçando e esquadrinhando as obras com vistas à possibilidade de uma inteligibilidade total ou quase total. Tudo isso faz parte da dinâmica do mundo universitário e tende a permanecer fechado no interior dos limites desse mundo. Romper com tais limites, porém, por mais difícil e arriscada que tal ruptura possa se mostrar a princípio, é indispensável para que se tenha a possibilidade de devolver à linguagem do pensamento o seu viço, o seu frescor, a sua vitalidade. Não por meio de uma recaída em um âmbito de pura arbitrariedade e dogmatismo ou do desenvolvimento de uma forma de expressão vaga e indeterminada, mas antes por meio de um afastamento de tudo aquilo que é de certa forma inessencial e, por isso mesmo, em última instância, irrelevante, para que o que realmente importa possa se fazer tanto mais evidente em seu caráter fundamental. Exatamente esta, por sua vez, é a principal qualidade dos escritos de João Augusto Pompeia e Bilê Tatit Sapienza contidos no presente volume. Mas qual o caráter propriamente dito de tais escritos? Quais os seus esteios conceituais mais importantes? Com o que nos vemos aí confrontados?

    É preciso salientar, antes de mais nada, a presença do pensamento de Martin Heidegger como um fio condutor muitas vezes velado, muitas

---

[1] NIETZSCHE, Friedrich. Do ler e escrever. In: *Assim falou Zaratustra*, p. 67.

vezes expresso, que atravessa de qualquer modo, incessantemente, o livro como um todo. A figura de Heidegger encontra-se à base de todos os contextos argumentativos mais diversos e é ela, em última instância, que lhes fornece, em verdade, desde o início, a sua força expositiva própria. E isso porquanto os diversos escritos contidos no livro não repetem simplesmente compreensões e interpretações heideggerianas em particular, mas, ao contrário, desdobram essas compreensões e interpretações em meio a campos investigativos diversos daqueles com os quais o próprio Heidegger lidou em sua obra. Seguindo a própria tentativa de Medard Boss, empreendida a partir da década de 1950, de levar a termo uma transformação nos pressupostos e princípios estruturadores da psicologia em diálogo direto com a noção heideggeriana de ser-aí, algo que acabou redundando no surgimento da Daseinsanalyse, há em *Os dois nascimentos do homem* uma tentativa incessante de transpor o discurso filosófico de Heidegger para o âmbito de consideração de fenômenos ônticos, como a educação dos filhos, a relação entre liberdade e limite, a possibilidade de uma ação ética, assim como o lugar e os desafios da terapia na era da técnica. Nesse caso, no entanto, o que está em jogo não é empreender uma fundamentação da Daseinsanalyse, mas sim sondar as repercussões da Daseinsanalyse sobre problemas concretos do existir humano. No que concerne à sondagem dessas repercussões, o que há aqui de mais importante é a acima mencionada apropriação da noção de ser-aí (Dasein).

No cerne do pensamento heideggeriano encontra-se a compreensão fundamental de que o ser do homem é marcado justamente por uma indeterminação originária total, por uma ausência completa de propriedades essenciais previamente dadas. Caso queiramos considerar o ser homem a partir da pergunta "o que", somos obrigados a responder a essa pergunta com um sonoro e retumbante: "nada!". Em sintonia com a compreensão husserliana do homem como um ente marcado pela dinâmica intencional, ou seja, pela relação de atos de consciência (pensar, lembrar, imaginar etc.) com a gênese imanente dos campos de objetos correlatos (pensado, lembrado, imaginado etc.), Heidegger reduz o ser do homem ao par fenomenológico existência (como movimento originário de ser para fora) e mundo (como campo de manifestação dos entes em geral e como horizonte hermenêutico de estruturação de nossos comportamentos em geral). Com isso, o ser do homem passa a ser expresso por meio da noção de ser-aí, exatamente porque o homem só conquista o seu ser a partir do aí, do mundo que é o dele. Dizer isso, por outro lado, é o mesmo que afirmar as possibilidades específicas do ser-aí como possibilidades específicas de seu mundo. Tomemos um exemplo corriqueiro. Nossas salas de aula vêm há mais ou menos cinco anos sendo tomadas por pequenos aparelhos de gravação que permitem aos alunos registrarem as aulas de seu interesse, os famosos MP3. A possibilidade de uso de algo desse gênero depende necessariamente de várias coisas: da efetividade de algo assim, como aula, ensino, professor; da presença de lugares, como a universidade, o colégio, o instituto avançado de formação, o centro cultural; da capacidade da ideia de formação, de o aprimoramento ou a cultura geral funcionarem como mobilizadores estruturais dos esforços de muitas pessoas invariavelmente muito diversas entre si. Tudo isso nem sempre foi possível. Não precisamos nos confrontar com a diversidade histórica da preparação dos jovens para a vida em cidades como Atenas e Esparta, na Grécia Antiga, para que percebamos isso. Hoje mesmo, ainda há experiências existenciais que prescindem completamente de toda essa paleta de possibilidades. Ao mesmo tempo, porém, se realizamos nossas ações em meio a tais contextos mais amplos, isso se dá porque o nosso mundo permite que o façamos, porque essa possibilidade é sua também. Como o próprio Heidegger o formula no parágrafo 31 de *Ser e tempo*, "o ser-aí é existindo o seu aí"[2], ou

---

2   HEIDEGGER, Martin. *Ser e tempo*, § 31, p. 143.

seja, ele é existencialmente as possibilidades que o seu mundo traz consigo. A redução do ser-aí à dinâmica intencional que o coloca em sintonia com o mundo, contudo, tem ainda outra consequência específica, consequência essa que ressoa no próprio título do livro. Como o ser-aí só se determina a partir de seu mundo, como ele não possui nenhuma propriedade essencial previamente definida e como ele se vê inicialmente absorvido no mundo fático sedimentado que é o seu, ele tende, a princípio, a se desarticular de si mesmo, a se afastar de sua negatividade constitutiva e a se tomar como uma coisa entre coisas. Seu primeiro nascimento, portanto, acaba produzindo mais um afastamento de si do que uma conquista plena de suas possibilidades mais próprias. Esse nascimento, porém, não é o fim de seu caminho existencial, porque o ser-aí humano não nasce como uma coisa que vai sofrendo em seguida os efeitos mecânicos de um mundo *a priori* dado. Ao contrário, o nascimento do ser-aí humano é antes uma queda abrupta em um espaço semanticamente estruturado, no qual ele mesmo precisa conquistar paulatinamente a sua história. A existência é, em suma, uma tarefa que nunca se resolve de outra forma senão por meio do próprio existir. Ao primeiro nascimento se liga, inexoravelmente, o segundo, o decisivo: o nascimento de si, para si como história.

Mas não é apenas em sua ligação com o pensamento de Heidegger que os escritos aqui presentes se revelam em seu vigor mais primordial. Há ao mesmo tempo, por toda parte, um diálogo rico com os mitos fundacionais do Ocidente, um aproveitamento do tesouro significativo dos termos mais simples e mais decisivos, uma remissão a figuras centrais da filosofia tradicional tanto quanto do pensamento contemporâneo, uma abertura constante para se deixar levar pelo fio condutor dos fenômenos, pela estrela guia das coisas mesmas, as únicas realmente capazes de nos conduzir por entre os labirintos mais obscuros da alma humana.

um
LIBERDADE

Liberdade é uma palavra que circula com muita frequência em nossa fala cotidiana. Falamos do direito à liberdade, aliás, previsto na Declaração dos Direitos Humanos; falamos de governos que não respeitam a liberdade, de pais que dão muita liberdade aos filhos, da liberdade de expressão, do medo da liberdade, da liberdade de escolha, da liberdade que se conquista, da liberdade que é importante não perder, da liberdade que precisa ser bem usada, e muito mais. Mas exatamente de que estamos falando com essa palavra? Seria a liberdade alguma coisa que nos dão ou que nos tiram? Alguma coisa que precisa ser economizada e bem dosada? Certamente sabemos o que é liberdade quando somos impedidos de realizar algo, ou de ser de uma determinada maneira; ou quando somos obrigados a fazer o que não queremos. E aí, então, rapidamente concluímos que ter liberdade é poder fazer o que desejamos, dizer o que pensamos, ir aonde queremos, recusar o que não queremos. Certamente, ter esses direitos implica liberdade. Mas com isso não esgotamos o que há para ser compreendido no conceito de liberdade.

A partir do século 18, o conceito de liberdade passou a ocupar uma posição central tanto do ponto de vista político, com relação à liberdade dos povos, como do ponto de vista da necessidade de respeito pelos direitos individuais.

Essa é uma questão que pode ser abordada a partir de diferentes referências. Um ponto de vista muito importante é o de Hannah

Arendt em seu livro *Entre o passado e o futuro*, cuja leitura nos parece fundamental.

Na reflexão que faremos aqui, seguiremos uma direção muito particular em direção à compreensão desse conceito. Trataremos de compreender a liberdade a partir do referencial da Daseinsanalyse.

O interesse que esse assunto desperta, ou seja, o apelo que o tema da liberdade exerce sobre nós, torna-se tanto mais forte quanto mais mergulhamos na época da técnica. Mas esse apelo se torna maior porque estamos cada vez mais livres ou porque estamos cada vez menos livres? E o que é ser mais livre ou menos livre? À medida que o conceito de liberdade ganha mais importância, sua compreensão fica mais difícil, mais obscura.

A concepção de liberdade assume uma forma genérica, parece que todo mundo sabe o que ela é. Mas, quando tentamos dizer exatamente o que ela é, ficamos perplexos com a dificuldade que é descrever o que é isso que chamamos de liberdade. Parece que acontece algo parecido com o que acontecia com Santo Agostinho, que se referia à sua dificuldade para dizer o que era o tempo. Ele dizia, em seu livro *As confissões*: "Quando falamos de tempo, sem dúvida compreendemos o que dizemos; o mesmo acontecerá se ouvirmos alguém falar do tempo. Que é, pois, o tempo? Se ninguém mo pergunta, eu o sei; mas se me perguntam, e quero explicar, não sei mais nada".[1] Embora, como todo mundo, ele soubesse o que era o tempo, na hora de defini-lo era como se não o soubesse, tudo ficava muito difícil.

Não pretendo aqui dar uma definição de liberdade, mas quero me aproximar desse conceito na tentativa de clarear a sua compreensão. Farei, num primeiro momento, uma caracterização do que é liberdade ou do que é ser livre, tanto sob o ponto de vista ôntico como sob o

---

1 SANTO AGOSTINHO. *As confissões*. São Paulo: Edameris, 1964.

ponto de vista ontológico. Num segundo momento, falarei o que significa para o Dasein o apropriar-se do seu ser livre.

Começando a pensar onticamente a respeito do que é liberdade, vem-nos esta pergunta: o que é liberdade? Precisamos antes saber de que liberdade estamos falando. É da liberdade dos eventos? É da liberdade dos deuses? Ou é da liberdade dos homens? Pois, a partir do século 19, a liberdade, que era compreendida até então como algo próprio exclusivamente ao âmbito humano, torna-se também uma característica observável dos eventos. Assim, na física, fala-se em liberdade como caos, desordem, acaso, ausência de uma determinação causal detectável ou observável com os recursos disponíveis num determinado momento da história da ciência. E quanto à liberdade dos deuses, o que seria isso? Aqui não se trata de uma referência religiosa, mas sim de uma certa noção de liberdade totalmente idealizada que temos vivido: a liberdade de fazer tudo o que se quer. Desse ponto de vista, liberdade e poder significam a mesma coisa. Temos, então, dois extremos: de um lado, a liberdade dos eventos, que significa caos; de outro lado, a liberdade dos deuses, que significa poder.

Mas a nossa questão é a liberdade dos homens, e essa é diferente. E, ao pensar na liberdade dos homens, a primeira coisa que me ocorre é que liberdade não existe, é ilusão; ela é muito mais um desejo dos homens que uma realidade. E essa ideia se apresenta porque a liberdade tem sido totalmente posta em questão desde o século 19. Darwin aponta o homem como resultado de um processo evolutivo mais ou menos ao acaso. Marx denuncia que a liberdade de escolha é orientada e dirigida pela dinâmica do conflito de classes; o homem é comandado por forças muito maiores que ele, sem se dar conta disso. Freud diz que, embora o homem pense que está agindo livremente, ele é levado a agir sob o comando de pulsões do inconsciente que determinam sua experiência e sua conduta. Nietzsche também questiona a autonomia da consciência dos homens. Portanto, a noção de liberdade da consciência vem sendo praticamente destruída.

O século 20 aprimorou ainda mais a destruição. A história e a antropologia, e aí temos Lévi-Strauss, mostram o quanto o comportamento do homem é determinado historicamente. As neurociências também contribuem para o descrédito da liberdade, e os estudos da genética apontam na mesma direção. Assim, por exemplo, li uma notícia que anunciava a descoberta do gene responsável pelo traço que leva alguém a ser revolucionário ou conservador, ou seja, o predomínio do determinismo. Há anos, vi em um pequeno artigo de jornal a informação de que o estuprador, na verdade, pratica seu ato porque é impelido a disseminar os seus genes da maneira mais eficiente possível. Esse artigo me deixou profundamente irritado, porque o estupro não é um fato biológico, é um fato humano, e não existe referência possível de aproximação entre a realidade do estupro vivido pelos humanos e os conceitos biológicos de disseminação de genes. Enfim, parece que os conhecimentos adquiridos no mundo atual nos dizem que a liberdade é ilusória.

Mas há outros pontos de vista a serem considerados. A tradição mítico-religiosa, de certa forma, introduz e sustenta o conceito de liberdade. O que é a liberdade dos homens na perspectiva mítico-religiosa? Penso que não é a liberdade de fazer alguma coisa, mas a de dizer "não". É a rebeldia. Adão e Eva dizem "não" para a regra de não comer o fruto da árvore do conhecimento do bem e do mal. Édipo, quando sai do oráculo de Delfos e tem seu destino desvendado pela pitonisa, diz "não" para o que se apresenta diante dele como um destino tão terrível. Parece, então, que a liberdade dos homens é a liberdade de oposição, se rebelar. Mas essa liberdade também se mostra de outra maneira, como uma vontade de usufruir da liberdade dos deuses. Aí temos a figura de Prometeu, que rouba o fogo dos deuses para dá-lo aos homens, dando a eles mais poder. Na modernidade, a tecnologia faz algo parecido, pois vai dando em momentos sucessivos um aumento do poder de dominação dos homens sobre a natureza e sobre os outros homens, por meio dos recursos que as várias técnicas disponibilizam. A tecnologia desenvolvida ao máximo dá para os homens a sensação de uma liberdade análoga à dos deuses.

Também podemos pensar a liberdade considerando ao mesmo tempo o porquê da dificuldade envolvida nesse tema e tendo como referência o pensamento de Hannah Arendt em *Entre o passado e o futuro*. A pensadora nos diz: "Em sua forma mais simples, a dificuldade pode ser resumida como a contradição entre nossa consciência e nossos princípios morais, que nos dizem que somos livres e, portanto, responsáveis, e a nossa experiência cotidiana no mundo externo, na qual nos orientamos em conformidade com o princípio de causalidade. Em todas as questões práticas, e em especial nas políticas, temos a liberdade humana como uma verdade evidente por si mesma, e é sobre essa suposição axiomática que as leis são estabelecidas nas comunidades humanas, que decisões são tomadas e que juízos são feitos".[2]

O homem não é completamente determinado. Nossa convivência com os outros e com as coisas mostra que, em nosso jeito humano de ser, atuamos com certa liberdade de escolha. Essa ideia de liberdade pode não ser demonstrável, mas é necessária para a fundamentação da ética em geral e das ciências políticas.

Filósofos e teólogos têm concebido a liberdade como exercício do livre-arbítrio. Segundo esse ponto de vista, o homem é considerado como possuidor de uma vontade livre e, por isso, como um ser dotado da possibilidade de escolher, de decidir, independentemente de condicionamentos ou de causa determinante.

Ao falar sobre liberdade, Sartre diz que o ato livre só é realmente livre quando é absurdo. Isso quer dizer que a ausência de toda

---

[2] ARENDT, Hannah. *Entre o passado e o futuro*. São Paulo: Editora Perspectiva, 1979, p. 188.

determinação no estabelecimento de uma decisão humana significa necessariamente que essa decisão tem de ser absurda. Porque, se houver alguma razão em que a escolha se baseie, se houver uma razão para a decisão, ela já não é mais livre, ela é determinada pela razão que levou à escolha e não pelo exercício da absoluta liberdade do livre-arbítrio daquele que decide.

Mas deixemos um pouco de lado essas considerações feitas até agora sobre a liberdade e passemos a pensar, num plano ontológico, o que é o ser livre do homem. Suspendamos também, por um momento, nossos conhecimentos a respeito do homem enquanto objeto da antropologia, da biologia, da sociologia ou da psicologia, e pensemos nele como Dasein, como ser-aí, cujo caráter peculiar consiste em, diferentemente de todos os outros entes, ser exatamente aquele cuja existência é *ek-sistencia*, o que significa, literalmente, ser-para-fora: o Dasein *ek-siste*. Ele é tocado pelo ser dos entes em geral, ele é a abertura, é o "aí" para a manifestação dos entes. Como *ek-sistente*, Dasein descerra o mundo como o horizonte a partir do qual tudo pode ser, a partir do qual ele perfaz o poder-ser que ele é, junto às coisas, com os outros. Seu modo de ser é ser-no-mundo e, como o poder-ser que ele é, ele se caracteriza por estar sempre vindo-a-ser. É do ser livre do Dasein que vamos tratar aqui.

A liberdade se identifica com o modo de ser do Dasein, com o modo de ser do homem. A liberdade é um dado, um dom, o maior dom; ser livre é a forma de ser do Dasein e, como tal, esse ser livre se manifesta em três dimensões: o ser aberto nas possibilidades, o ser fundado nas possibilidades, o ser lançado nas possibilidades.

O ser livre do Dasein é ser aberto em possibilidades. Porque a fala é própria do homem, porque ele é capaz de ter a linguagem, ele pode configurar não só o que é, mas também o que pode ser, o possível. E isso que pode ser é o ainda não, o não mais e também aquilo que é apenas virtualmente possível.

Seu ser livre é ser fundado nas possibilidades. Não só o Dasein é aberto nas possibilidades, mas ele também se enraíza nelas. Isso porque todo o sentido da ação humana se dá a partir do objetivo ou da finalidade que a ação pretende alcançar, a partir de algo a que se visa, algo que está no fim e, portanto, não existe ainda, ainda não é real, algo que é uma possibilidade. Assim, o que serve de fundamento ou base para a ação humana é, de início, uma possibilidade. Podemos dizer que, para o Dasein, o fim é o começo. O sentido é dado pelo possível e não pelo real. O propósito, "pro-pósito", é o fundamento do agir, é a base, é o chão do Dasein.

Ser livre, para o Dasein, é também ser lançado em possibilidades, porque o possível ultrapassa o real. Ultrapassando o real, o Dasein não pode se limitar a ele. Pretender restringir-se apenas ao real e fugir do âmbito do possível significa aproximar-se de uma condição patológica.

Dasein é, então, aberto, fundado e lançado nas possibilidades. O que caracteriza a liberdade do Dasein é o habitar no poder-ser. Mas, quando queremos saber o que é isso, o poder-ser, o possível em que habita o Dasein, nossa surpreendente constatação é que o possível é nada, é o vazio. Ser livre é habitar o sem fundo. Ser livre é estar lançado na possibilidade da angústia.

Para o Dasein, a liberdade não é uma escolha, ela é dada, é um dom, e, por ser o dom maior, seu preço é o maior de todos — "Os deuses vendem quando dão", diz o verso de Fernando Pessoa.[3] E não há como recusar esse preço. Ser livre não é uma opção do homem. Diante desse dom, ele tem duas possibilidades: ou se submete ao ter de ser livre, sendo condenado a ser livre como nos diz Sartre, visto

---

3 PESSOA, Fernando. *Obra poética*. Rio de Janeiro: Companhia José Aguilar Editora, 1969, p. 71.

que tal condição lhe é imposta, ou então abre-se para esse dom, acolhe-o e apropria-se dele.

Bem, mas o que significa apropriar-se do dom de ser livre?
    Pensemos. O que quer dizer apropriar-se de alguma coisa? Quando algo que é dado não é acolhido, a doação não acontece. Para que a doação ocorra, para que algo seja um dom que possa se efetivar, aquilo que é dado precisa ser acolhido. No caso da liberdade, o Dasein não pode recusar a doação do ser livre, mas pode não a acolher. E o dom não acolhido é uma condenação. Quando Dasein acolhe o dom, este passa a ser mesmo uma doação, algo que faz parte da sua vida, do seu jeito de ser, como uma doação de fato, que se efetiva o mais plenamente possível. Acolher o dom é apropriar-se dele, é recebê-lo com propriedade.
    Ao falarmos do apropriar-se do dom da liberdade, a palavra propriedade está implícita no que dizemos. Por isso, detenhamo-nos um pouco mais no que significa a palavra propriedade. Essa palavra, dependendo da frase em que está, pode ter conotações diversas. Por exemplo: ser incolor é uma propriedade da água. Esse terreno é propriedade do meu tio. O aluno respondeu à pergunta com propriedade. Nessas frases, ora a palavra significa característica, ora posse, ora adequação.
    E, quanto à apropriação do dom da liberdade, aí a palavra propriedade está implícita nesses três significados. Para o Dasein, apropriar-se do seu ser livre é estar de acordo com sua característica essencial, que é ser aberto, fundado e lançado em possibilidades de ser. O apropriar-se do dom de ser livre comporta também o significado de propriedade como posse, porque tomar posse de um dom quer dizer empunhar esse dom, e empunhar o dom de ser livre é efetivar o modo de existir do Dasein, que é *ek-sistir*, que é ser-no-mundo cuidando da tarefa de vir a ser si mesmo. E, no que diz respeito ao

significado de adequação, a apropriação do seu ser livre revela-se como o modo adequado do Dasein responder ao chamado, ao apelo para acolher esse dom.

Acolher, porém, não significa ser passivo, mas aponta, sim, para um movimento de responder a algo que apela. Na verdade, o dom de ser livre não é apenas uma característica, não é apenas algo que o Dasein precisa empunhar, mas é, principalmente, uma vocação, um chamado. Ser livre é um chamado feito para o Dasein, a partir do Dasein. Ser Dasein é estar aberto numa liberdade que o convoca para ser si mesmo. O modo apropriado de ser livre, portanto, é corresponder à vocação de si mesmo, e isso não é uma coisa simples.

Ser livre implica escolha e decisão. A palavra escolha é frequentemente mal compreendida. Talvez ela seja ainda mais obscura do que a palavra liberdade e costuma ser mesmo confundida com o poder de determinar. Entretanto, ser lançado na possibilidade de escolher não é simplesmente isso. Poder escolher é ter de escolher.

Se alguém não pode escolher, simplesmente não pode. Mas, se pode escolher, é obrigado a escolher. Ele pode até escolher não escolher, mas isso já é uma escolha. Não há como se omitir nesse caso. E precisar escolher pode ser terrível. Lembro-me de uma situação em que isso ficou muito claro para mim. Pais muito amorosos estavam com o filhinho numa loja de brinquedos, felizes em proporcionar a ele a liberdade de escolher um brinquedo. Assim, disseram a ele que escolhesse o que quisesse. Nesse momento, começa a tortura da criança, andando para lá e para cá, olhando tudo, até que enfim diz: "Quero este". Os pais vão com ele até o caixa para pagar, mas, nesse percurso, há tantos outros brinquedos! Todos eles chamam a criança como se dissessem "psiu, psiu"... O menino diz para o pai: "Não, não, eu quero aquele". E o pai responde: "Você precisa escolher, então você deixa este que já está na sua mão e leva aquele que você viu agora". Ele já começa a chorar, pois o que havia sido escolhido antes era tão bonito! E o pai concorda e deixa que ele leve os dois. Mas, garantidos os dois, há também aquele outro chamando por ele e falando mais alto. Agora o menino resolve: "Espera, é aquele ali que eu quero". E a mãe, já meio impaciente, diz: "Mas você precisa escolher!". E a criança começa a entrar na tortura de ter de escolher. Esse terceiro brinquedo também é tão legal! A partir daí, vira tudo uma choradeira e os pais ficam bravos. Talvez, ao terminar essa cena, a criança tenha levado vários brinquedos para casa. Se tiver sido assim, ao chegar em casa, deve ter começado a tortura de escolher com qual brinquedo começar a brincar. Será justo colocar a criança nessa situação? Interessante é ver que os adultos fazem isso com as crianças com a melhor intenção, carinhosamente.

Esse exemplo nos dá a primeira referência para pensarmos o que significa escolher. Quem não está livre para renunciar não consegue escolher, fica encalacrado nessa condição contraditória de poder escolher e de ser obrigado a escolher, porque escolher é, ao mesmo tempo, um poder e uma limitação. Se a pessoa não apreender a limitação, se não tiver a liberdade de renunciar, não poderá escolher e se sentirá torturada. Talvez o mais importante a ser pensado sobre a escolha seja isto: o fundamento do poder escolher não é a posse, é a renúncia. É que, em primeiro lugar, poder escolher significa estar livre para renunciar. Escolher uma coisa é abrir mão de uma série de outras.

Em segundo lugar, ser livre e, portanto, poder escolher não é simplesmente não estar obrigado a nada. Não só somos obrigados a escolher, como também a obrigação não termina. O ser livre do Dasein é estar livre para comprometer-se. É comprometendo-se com o escolhido que ele exerce o seu ser livre. Mas uma pessoa pode dizer: "Não quero me comprometer com uma escolha para não perder a minha liberdade". Se perguntarmos a ela de que liberdade se trata, ela dirá que se trata da liberdade de poder escolher. Então, se ela não escolhe para não perder a liberdade de escolher, porque, depois que escolhe, perde essa liberdade, podemos ver que, querendo preservar a liberdade, ela não age com liberdade, ela não efetiva sua liberdade. Ela não escolhe para não precisar se comprometer. Ela se comporta como quem supõe que a liberdade seja algo consistente em si mesmo, uma coisa da qual se tem a posse, que pode ser guardada, como o avarento guarda dinheiro. E a liberdade não pode ser guardada. Na verdade, o ser livre do Dasein só se consuma quando se consome. É destruindo a liberdade, a cada vez, a cada escolha, que nós exercemos o ser livre. Ser livre "de" qualquer determinação é, para o Dasein, ser livre "para" a determinação, ser livre para o compromisso. Geralmente, pensamos a palavra determinação como a ação de variáveis sobre o indivíduo. Mas determinação pode significar também a força da pessoa, quando dizemos, por exemplo, "fulano é muito determinado". Nesse caso, queremos dizer que se trata de alguém que sabe o que quer, que escolhe e é comprometido com as coisas. Não estar obrigado a nada significa poder dispor-se a assumir obrigações com algo, com aquilo que se escolhe. O compromisso não é o oposto ao ser livre, é a sua realização. A necessidade de renúncia e o compromisso com a escolha nos fazem pensar como é complicado deixar nas mãos de uma criança o peso de ter de escolher e decidir sozinha em certas situações, ou seja, esperar que ela possa empunhar o seu ser livre com a responsabilidade que isso exige. Por isso, o adulto deve ser o depositário da liberdade dela, educando-a de tal modo que gradativamente ela tenha oportunidades de compreender o que a sua liberdade implica.

Um terceiro ponto a ser lembrado a respeito do ser livre: para o Dasein, ser livre significa servir como ocasião para que os entes se manifestem em sua verdade. Sendo aberto nas possibilidades, o Dasein é aberto também naquilo tudo que está para além do real, para o que transcende o real, isto é, sua abertura diz respeito ao que ainda não é, mas pode ser, ao que já foi e não é mais, e ao que seria possível apenas virtualmente. Aberto nas possibilidades, ele escapa dos limites do real, mas esse escapar do real o convoca para voltar ao real, cuidando da realização do possível.

Para tornar mais clara essa ideia, valho-me das palavras de meu saudoso amigo Paulo Barros, quando ainda éramos estudantes de psicologia. Ele tinha duas imagens para falar de liberdade. A primeira é a da criança que está descobrindo um piano. Ela chega, abre o piano, começa a mexer nele: aperta as teclas aleatoriamente, as brancas, as pretas, pode pisar nos pedais, interessa-se por tudo. Paulo dizia que, para ele, essa era uma das imagens mais significativas da liberdade: a curiosidade, o encantamento, o não ter nenhuma regra, esse explorar todas as possibilidades do piano. Não há dúvida de que descobrir, acolher a novidade e poder explorá-la sem referências prévias, simplesmente olhando, mexendo, associando tecla e som, tudo isso é uma experiência de liberdade. Mas essa liberdade se desgasta rapidamente. Em poucos minutos, o brilho daquele encantamento maravilhoso da exploração e da descoberta se apaga, e a criança vira as costas para o piano e vai fazer outra coisa, vai procurar outra novidade.

A outra imagem a que Paulo se referia, essa, sim, representa a perfeita liberdade. É a liberdade que está na intimidade e na familiaridade com que um pianista se relaciona com o piano. Ao ouvi-lo e vê-lo tocar, temos a sensação de que ele está absolutamente livre nesse momento, de que transita na relação com o piano sem que haja nenhuma resistência deste; é como se houvesse uma entrega do piano às mãos do pianista e uma entrega do pianista ao piano, uma profunda cumplicidade entre os dois.

Rubem Alves, em sua crônica *Jardins*, fala de seu sonho de plantar um jardim num terreno baldio que havia ao lado de sua casa. Mas aquela terra não era sua. Diz ele: "De meu, eu só tinha o sonho. Sei que é nos sonhos que os jardins existem, antes de existirem do lado de fora. Um jardim é um sonho que virou realidade. (...) Mas um dia o inesperado aconteceu, O terreno ficou meu. O meu sonho fez amor com a terra e o jardim nasceu".[4] O jardim surgiu da fecundação da terra pelo seu sonho, da entrega da terra ao seu sonho e aos seus cuidados. Nessa cumplicidade, nasceu o jardim. Parafraseando essa ideia, podemos dizer que, tocando o piano numa liberdade feita de intimidade e de familiaridade, parece que, naquele momento, o pianista faz amor com o piano e, nesse amor, ele fecunda o piano, e a música nasce.

O ser livre desse pianista é diferente do ser livre daquela criança que brinca no piano. Não que a criança seja menos livre, mas a peculiaridade da liberdade do pianista consiste em ser uma liberdade que liberta também o piano, isto é, deixa-o ser plenamente aquilo que ele é, um piano; deixa que ele se desvele em suas possibilidades. Ao tocar com aquela familiaridade, ele possibilita que a verdade do piano, no sentido de *aletheia*, de desvelamento originário, se apresente. E mais, há também a música que, saindo de seu encobrimento, se manifesta. E, ainda mais, a música que surge daquele encontro íntimo entre o pianista e o piano liberta o ouvinte, ou seja, deixa aquele que ouve ser plenamente em sua condição de ouvinte que se entrega à música. O ouvinte se desvela em seu ser aberto ao belo, o belo que pode aparecer. E, por incrível que pareça, não cessa aí essa libertação que o ser livre do pianista engendra, porque, quanto mais familiar e íntima for a relação entre ele e o piano, mais familiaridade, intimidade e cumplicidade serão dadas. A familiaridade não se consome, ela se multiplica. O ser livre desse pianista liberta o seu próprio ser livre, de tal modo que se torna cada vez mais íntima a correspondência com tudo o que com ele se liberta. E, nesse libertar

---

[4] ALVES, Rubem. Jardins. In: *O retorno e terno*. Campinas: Papirus Editora, 2010, p. 67.

que liberta a si próprio, o tempo se alonga, num alongamento que faz do tempo temporalidade. É diferente daquele tempo curto em que todas as coisas precisam ser decididas de imediato. Diferentemente do ser livre da criança, que rapidamente se esgota, o ser livre do pianista se amplifica numa perspectiva em que a sua liberdade liberta para a liberdade: dele, do piano, da música, dos ouvintes e da possibilidade de ser livre.

O ser livre do Dasein faz com que ele ultrapasse o real para retornar ao real, e isso quer dizer que ele é convocado para realizar, para tornar real aquilo que era uma possibilidade. Em sua liberdade, Dasein deixa vir à luz o que ainda estava no encobrimento, ele liberta os entes para que se manifestem em seu ser, ele é clareira do ser dos entes. Para o Dasein, libertar o ente em seu próprio ser significa permitir que ele se manifeste, significa criar, e criar é libertar o possível do encobrimento do nada. O possível está sempre lá, encoberto pelo nada. Criar é trazer ao real, é realizar. É deixar aparecer na luz aquilo que até então permanecia oculto no encobrimento. O modo de ser livre do Dasein consiste em dispor-se a servir como oportunidade de desvelamento do possível, em deixar-se usar como âmbito da verdade dos entes.

E há ainda uma quarta referência para falarmos do ser livre e da escolha: poder escolher é, antes de tudo e principalmente, poder obedecer. Isso pode parecer chocante, porque obedecer e ser livre são vistos como incompatíveis. Dizemos geralmente que é livre quem não precisa obedecer. Mas a palavra obedecer, em sua etimologia latina, carrega também um outro significado. Ela provém de *ob-audire*, sendo que *ob* é um prefixo que significa estar disposto em direção a, e *audire* significa escutar. Então, *ob-audire* é a possibilidade de estar disposto a escutar: obedecer é estar disposto a dar ouvidos a alguma coisa. Assim, como diz Nancy Mangabeira Unger, em O *encantamento do humano*, "a palavra obediência pode deixar de ser vivida no sentido repressivo da moral, da culpa e da punição para resgatarmos seu sentido mais essencial".[5] É nesse sentido que dizemos que poder ser livre é poder obedecer, é poder ouvir.

Mas trata-se de ouvir o quê? Em seu ser livre, Dasein é solicitado a dar ouvidos a quê? Ele é solicitado a dar ouvidos a três apelos que o convocam o tempo todo. O primeiro é o apelo de si mesmo, é ser capaz de ouvir aquilo que lhe diz respeito. Ouvir esse dizer é poder ser fiel a si mesmo. E isso não é fácil. Não me refiro aqui à fidelidade no sentido de exclusividade. O ser fiel a que me refiro tem algo em comum com a raiz fé, que significa aqui poder confiar. Quando falamos em confiar em si mesmo, lamentavelmente, as pessoas pensam em alguém cheio de si, e não é disso que se trata; mesmo porque alguém cheio de si é alguém cheio de nada. Poder confiar em si, como forma de ouvir o que lhe diz respeito, é poder corresponder à sua própria essência, que é existir. Dasein *ek-siste*, isto é, ele já é sempre no mundo, mundo que ele libera como o horizonte em que os entes vêm ao seu encontro e em que ele pode ser o poder-ser que ele é, em que ele pode vir a ser. Existir é vir-a-ser. Confiar em si é poder confiar no próprio vir-a-ser, que caracteriza a sua essência. É se abrir na perspectiva daquele tempo que se alonga, que não é o tempo do imediato, mas é o tempo do histórico. Compreender-se no tempo longo é poder confiar no caminho, naquilo que se estende para além do agora. Ouvir a si mesmo é poder se livrar do ofuscamento do imediato e estar aberto à confiança no caminho.

E não é apenas a si mesmo que o Dasein precisa obedecer, precisa dar ouvidos. Ele também precisa ouvir o apelo do mundo. Ouvindo a si mesmo, de certa forma o Dasein alonga o tempo e o deixa trans-

---

5 UNGER, Nancy Mangabeira. *O encantamento do humano —, ecologia e espiritualidade*. São Paulo: Editora Loyola, 1991, p. 58.

bordar para além do imediato em direção ao futuro e ao passado. Esse tempo alongado se apresenta como algo que ressoa, e o Dasein precisa ouvir essa ressonância do tempo longo. Quando falamos em tempo longo, podemos ser levados a pensar num longo que seria uma estreita sucessão de momentos representada por uma linha, tal como acontece com o tempo cronológico. Mas o tempo longo a que me refiro aqui é aquele longo que é também largo. É o largo da ressonância que se dá junto com o alongamento do tempo. É como se transformássemos a linha do tempo num plano, num tempo aberto, que podemos chamar de *kairós*, o tempo que é oportunidade, o tempo que é ocasião, é o tempo para... para estudar, para descansar, para trabalhar, para amar, para se divertir, para se esforçar, para plantar, para colher. É o tempo que inscreve o Dasein no precisar responder à convocação do mundo que se oferece como ocasião, como oportunidade. Ouvir o apelo do mundo é reconhecer a oportunidade. Quanto a isso, lembro-me de um episódio da minha infância. Certa vez, no sítio em que morava, meu avô perguntou ao seu Dito, caipira que cuidava da nossa horta, qual era o seu segredo para conseguir aquelas verduras maravilhosas. Ele respondeu tranquilamente: "Não tem segredo não, doutor. É que eu só planto o que a terra gosta". Seu Dito tinha essa sabedoria. Quando plantamos o que a terra gosta, aquilo vai adiante, fica bonito. Reconhecer a oportunidade é plantar o que a terra gosta. Saber ouvir o mundo, saber obedecer, é poder reconhecer a oportunidade.

E, finalmente, ouvindo a si mesmo, ouvindo o mundo, o Dasein tem a possibilidade fundamental de ouvir o apelo dos outros, os outros que são também Dasein. Aquele que é capaz de ouvir os outros torna-se capaz de ser porta-voz. Expressão fantástica: ser o porta-voz. O porta-voz é aquele que tem o poder de dizer. E poder dizer é poder dizer bem. É poder bem dizer os outros, é bendizer os outros. Bendizer os outros é compreender o peculiar modo de ser livre com os outros. Quando eu era adolescente, ouvia dizer o seguinte: "A minha liberdade vai até onde começa a liberdade do outro". Nesse caso, o limite da minha liberdade faz fronteira com a liberdade dos outros. Mas, quando comecei a estudar Medard Boss, compreendi que o que limita a liberdade não é a liberdade do outro, e sim o meu ser mortal, a minha finitude. Se eu estiver com o outro, a nossa liberdade será muito maior que a minha. Quando a minha liberdade encontra a liberdade do outro, a minha se expande no compartilhar as nossas liberdades. Nossa liberdade é mais ampla e mais profunda que aquela que posso ter sozinho. Ouvir a liberdade dos outros e bendizê-la é poder apropriar-se do modo de ser livre com os outros homens, é poder compartilhar uma liberdade maior.

Retomando o percurso que fizemos, podemos resumir nossa reflexão dizendo que a liberdade não está num querer viver sem compromissos, sem a perspectiva da temporalidade, nem na realização de desejos insaciáveis de poder e dominação, isso que tem levado o homem a se sentir cada vez mais sozinho, temeroso e desamparado.

Para o Dasein, o apropriar-se de seu dom de ser livre significa corresponder àquilo a que ele é convocado, ou seja, significa efetivar o que é peculiar ao seu modo de ser: servir. Servir para quê? Servir para deixar que os entes do mundo se manifestem em seu ser, que as coisas se mostrem em sua verdade; servir para criar; servir para tecer o fio que reúne os acontecimentos fazendo deles história. Isso ele realiza quando faz suas escolhas. E poder escolher é poder ser livre para renunciar e para se comprometer.

Apropriar-se de seu ser livre é também poder ser livre para obedecer a si mesmo, numa fidelidade ao seu caminho que se desdobra no tempo; para comprometer-se com o mundo, na correspondência às oportunidades; para comprometer-se com os outros, no compartilhar o ser livre dos homens.

dois
ÉTICA E MORAL

Entre pessoas que se preocupam com questões humanas, ética e moral foram sempre temas presentes por sua importância. Mas, especialmente em nossa época, a chamada época da técnica, em que os homens chegaram a atingir um domínio tão grande sobre a natureza, essas questões se tornaram particularmente significativas. Agora, quando é possível controlar praticamente tudo, esses temas ocupam um lugar especial porque exatamente esse domínio mostra para os homens o poder que eles têm de fabricar, de manipular quase tudo. Então, além das ameaças que, desde a sua origem no planeta, podem causar medo aos homens, hoje os homens temem a ameaça que vem dos próprios homens; eles têm medo do que são capazes de fazer. Nunca esse medo se mostrou tão grande como nos últimos anos. O próprio homem está no centro das ameaças.

Sentimos que a segurança individual e a da sociedade tornaram-se um problema grave. E, para garantir a segurança, o que surge como alternativa são as medidas coercitivas, controladoras, por meio das quais os homens têm seus comportamentos vigiados, monitorados. Inaugurou-se, assim, a armadilha da segurança *versus* liberdade, desde o começo do século 21, pois as medidas tomadas em benefício da segurança frequentemente significam uma restrição da liberdade das pessoas. Queremos a segurança, queremos nos ver livres de violências, queremos respeito. E a liberdade? Queremos liberdade também. Encontramo-nos num beco sem saída. Se segurança e liberdade não puderem se encontrar num mesmo foco, ou seja, se a questão for ou segurança ou liberdade, então temos pela frente um problema muito sério. Por isso, os temas relativos a estas palavras, ética e moral, nos chamam para que sejam pensados.

Ética e moral são assuntos muito amplos. Aqui, entretanto, quero me limitar a considerá-los tendo como foco a Daseinsanalyse terapêutica. A tradição da psicoterapia, desde Freud, propõe uma suspensão do julgamento moral. Julgamentos morais não cabem numa sessão de terapia, pois esse é o espaço em que o paciente pode se expor sem restrições, pode estar livre para falar de suas experiências, sejam quais forem. O *setting* terapêutico deve ser moralmente neutro. Dizemos que ali existe uma neutralidade a respeito da moral.

Mas, efetivamente, como a Daseinsanalyse compreende essa neutralidade? Neutralidade moral é neutralidade ética? E, mesmo que o julgamento moral seja suspenso na sessão, como o terapeuta compreende, como ele lida com os conflitos morais e éticos vividos pelo paciente? Ele vai lidar com esses dilemas trazidos pelo paciente impondo a ele uma neutralidade diante dessas questões morais que ele vive em sua vida? Assim, a proposição da neutralidade do ambiente terapêutico deixa em aberto a questão que diz respeito ao fato de que a vida do paciente comporta também, concretamente, dilemas morais. Como o terapeuta se aproxima disso?

Para chegarmos mais perto dessas questões, vamos pensar o que entendemos por moral e ética, e como esses dois conceitos se apresentam na Daseinsanalyse.

Moral vem de uma palavra latina, *mores*, que significa costumes. Inicialmente, a palavra diz respeito ao modo como os costumes efetivamente se objetificam na tradição. O foco da moral é a conduta, o comportamento, e isso possui relação direta com uma característica dos romanos, o seu pragmatismo, a sua preocupação com as questões marcadas por pontos de vista bem concretos. Não é à toa que, enquanto os gregos fizeram filosofia, os romanos desenvolveram o direito.

Moral é o conjunto de regras, leis ou princípios que limitam a liberdade dos homens, possibilitando a ordem social. Esses princípios não são fundamentados, eles têm caráter axiomático e são mantidos pela tradição. Um exemplo na antiguidade é o código de Hamurabi, rei da Babilônia, que constitui a mais antiga coleção de leis, sendo uma referência do certo e do errado no âmbito antropológico. Já o código de Moisés amplia esse alcance, dá um salto para o divino, pois traz para os hebreus o Decálogo em nome de Deus. São leis fundadas na revelação divina, que limitam a liberdade dos homens, aproximando-os do bem e afastando-os do mal. Nesse caso, além do certo e do errado, do que é ou não permitido, essas leis dizem respeito ao bem e ao mal.

Quero enfatizar aqui a radical necessidade humana de um parâmetro moral. Ao longo da história, as civilizações mantêm sempre em suas tradições o que é considerado certo, bom, e o que é errado, o que deve ser evitado e mesmo proibido. Do ponto de vista social, já aparece em Platão, em seu diálogo *Protágoras*, a necessidade de haver regras morais que organizem os comportamentos dos homens, para que eles não se destruam. Nesse diálogo, encontramos, no que diz respeito aos homens: buscavam, pois, a maneira de reunir-se e de fundar suas cidades para defender-se. Mas, uma vez reunidos, feriam-se mutuamente, por carecerem da arte da política, de forma que começavam novamente a se dispersar e a morrer. Então Zeus, preocupado ao ver que nossa espécie estava ameaçada de desaparecer, mandou que Hermes trouxesse aos homens o pudor e a justiça, para que nas cidades houvesse harmonia e laços criadores de amizade. Hermes, pois, perguntou a Zeus de que maneira devia distribuir aos humanos o pudor e a justiça. "Entre todos — disse Zeus —, que cada um tenha a sua parte nessas virtudes; já que, se somente alguns as possuíssem, as cidades não poderiam subsistir."[1] Já mais próximo de

---

1 PLATÃO. Protágoras. *In*: *Obras completas*. Madrid: Aguilar S.A., 1986, p. 168 e 169.

nós, Freud, em O *mal-estar na civilização*, mostra o papel da repressão como fundamento para a organização em sociedade.

Limites sempre foram considerados necessários. Mas, em geral, tendemos a pensar em limite só em seu caráter restritivo. Poucas vezes nos damos conta de seu caráter protetor. O limite protege da confusão, porque limite é o que dá identidade a algo. Ele é o que permite a diferença, a partir de identificações distintas para coisas distintas. É o que permite a ordem. Os gregos tinham esse modo de ser do limite claramente em vista quando diziam que, a partir da inserção de limites, o caos se transforma em cosmos, a desordem passa a ser ordem. Também do ponto de vista cognitivo, destaca-se a importância de limites: situações que são bem configuradas, figuras cujos limites são nítidos, são percebidas melhor.

Os limites têm uma função protetora para os seres humanos e especialmente para o desenvolvimento das crianças. Eles protegem especialmente de duas maneiras. Uma delas é a proteção diante da imprevisibilidade do futuro, em particular diante da imprevisibilidade das ações humanas. Crianças que vivem a experiência de limites conseguem sentir que vivem num mundo em que há a referência da justiça. Onde há clareza com relação ao que é considerado certo ou errado, a criança pode antecipar as consequências do que ela faz e se inscrever nesse mundo de uma forma segura. Quando ela conhece os limites, pode se movimentar melhor em seu mundo, sabe que o bem é recompensado e o mal é punido, e esse é um começo para a possibilidade de pensar a respeito dessas questões que são tão complicadas tanto do ângulo psicológico quanto do filosófico e religioso. Atualmente, há uma tendência para se pensar que pôr limites para as crianças pode prejudicá-las, que elas precisariam de flexibilidade. Mas a criança gosta de coisas bem definidas, que têm uma constância, e reclama mesmo quando algo muda a toda hora. Nesse sentido, ela gosta de rigidez. Temos um exemplo disso ao contarmos uma história para ela. Ela quer que a história seja todas as vezes repetidas do mesmo jeito. Se um dia alteramos a história, ela diz: "Não é assim, a palavra não é essa, era outra a palavra que a fada falou nessa hora, você está contando errado". Ela quer ouvir a história rigorosamente do mesmo jeito. A falta de limites constantes desorganiza a vida da criança.

Outra maneira pela qual os limites são protetores consiste no fato de eles nos protegerem da impotência. Essa ideia é contrária àquela que realça a impotência que sentimos ao nos depararmos com limites. É que, ao encontrá-los, vemos que não podemos tudo, mas nos damos conta também do nosso poder: o mundo põe um limite para se defender de uma ação nossa que possa ser contrária aos seus interesses. Tendemos a enfatizar que a criança precisa de limites para a sua proteção. Por exemplo, ela deve ser limitada em seu acesso a objetos cortantes, a lugares que envolvam perigo de queda; não deve sair sozinha nem se aproximar de pessoas estranhas. Quando falamos para a criança que ela não pode fazer algo, parece que sempre o que está em jogo é uma situação de perigo para ela. Exemplo disso é uma situação vivida em minha casa, na minha infância, quando minha mãe chegou da maternidade com um bebê recém-nascido. Todos os dez irmãos estavam reunidos para conhecê-lo, e um dos pequenos, enquanto todos estavam distraídos, foi até ele no berço e, com curiosidade, colocou sua mão no rosto do bebê. Os que estavam perto do berço e viram disseram para ele: "Pare de pôr a mão nele, não pode!". Diante dessa proibição, ele perguntou: "Por quê? Ele morde?". Mas os limites existem também para proteger o mundo de nós. Era o recém-nascido quem precisava ser protegido. A nossa ação pode ser destrutiva para o mundo. E isso nos dá uma medida do nosso poder, da nossa potência. Nesse sentido, podemos dizer que os limites nos protegem do sentimento de impotência; nós nos damos conta aqui de que nossos atos repercutem ao nosso redor. E é importante que a criança aprenda isso. É bom para ela saber que não deve brincar perto daquele vaso de que a mamãe gosta tanto, pois, se ela encostar nele, ele pode cair e quebrar; não deve estragar as flores do jardim; não deve maltratar o gatinho; não deve sair batendo nas outras crianças. Ela não pode fazer certas coisas porque, se o fizer, outras pessoas ficam tristes, sofrem, as coisas ficam destruídas pela ação dela. Saber disso contribui para que ela se sinta como alguém que tem importância, ou seja, o que ela faz importa sempre; ela ganha uma sensação de poder, como se sentisse que o mundo tem medo dela. Interessante é que o saber desse poder é dado exatamente pela restrição que lhe é imposta.

Os limites existem para todos nós. O mundo mesmo nos transmite as regras de convivência, o que cabe e o que não cabe fazer, tendo em vista o bem-estar das pessoas, a segurança de que sentimos tanta falta, a ordem social, a proteção do planeta. Enfim, o mundo põe-nos em contato com valores morais. A referência moral funda e sustenta a segurança das crianças e a dos seres humanos em geral. A segurança não nasce do controle, ela nasce antes na confiança na lei moral. Quando essa sensação de confiança na lei pode ser compartilhada, nós nos sentimos seguros num mundo razoavelmente ordenado, previsível, onde podemos atuar levando em conta uma dialética de potência e impotência peculiar à condição humana.

As leis e as regras baseiam-se no princípio de igualdade entre os homens e, sendo assim, são impessoais, genéricas e sem contexto. Por isso, torna-se necessário que haja uma instituição ou figura de poder, por exemplo, pai, juiz, sacerdote, para fazer a inserção das regras em cada contexto.

Pensemos agora na ética. Essa palavra vem do grego *ethos*, que significa, originariamente, o lugar onde se habita. Foi traduzida no latim por *habitat*. No pensamento de Heidegger, *ethos*, de onde provém ética, não é o mero espaço físico, mas sim a morada, o abrigo, o lugar onde vivo, onde habito, no sentido de o lugar onde estou "em casa". É o lugar da liberdade. A palavra liberdade está sendo tomada naquele sentido como quando dizemos: sinta-se em casa, à vontade, protegido;

tenha a liberdade de movimentar-se tranquilamente. Liberdade, aqui, não quer dizer potência, mas sim familiaridade, intimidade. Sendo o *ethos* a morada, o foco da ética não é a conduta, e sim o significado do que pode ser, em liberdade, o poder compartilhar a morada com os outros homens. O foco da ética é a relação do homem com os outros homens, com as coisas. Ela instaura essa forma de liberdade constituída pela intimidade.

E como é esse local, a morada? Como se cria esse espaço de intimidade?

Para a compreensão desse espaço que constitui a morada, quero trazer uma proposição que já pertencia aos gregos. É a seguinte: os animais nascem uma vez. Os homens nascem duas vezes. O segundo nascimento do homem é o surgimento do propriamente humano, a sua essência, a sua *humanitas*, que é ser livre.

Isso já era claro para os gregos do século 6 a.C., com a fundação dessa coisa nova, a pólis, a cidade. O homem livre é o cidadão, cujo *ethos* é a pólis; aí se acha a sua morada, é aí onde ele habita. O *ethos* é o jeito peculiar de estar com os outros na constituição da pólis. Essa criação grega representa uma virada no pensamento ocidental, pois a pólis tem as suas leis, e nessas leis está implícita uma recusa do homem a ser simplesmente servo das leis da natureza ou dos deuses. O homem se autoriza a ser legislador; não são só os deuses que fazem as leis. Os homens fazem as leis dos homens. As leis dos homens vão constituir o *ethos* dos homens, a cidade dos homens. Mas essas leis não podem ultrapassar as leis dos deuses, pois estas não pedem a opinião dos homens, estas se impõem. Assim, dentro do campo já limitado pelas leis divinas, os homens introduzem uma nova lei que implica aumentar mais as restrições. Introduzem, por exemplo, o tabu do incesto. É como se o homem dissesse: "Eu, como qualquer outro animal, posso me relacionar sexualmente com qualquer parceiro. Mas, como homem, não me relaciono sexualmente com meus irmãos, meus filhos, meus pais". Ele não transgride uma lei da natureza, mas cria um limite a mais, introduz uma modulação: posso não fazer coisas que a natureza permite fazer. Ele afirma sua liberdade impondo-se essa restrição. Nisso, ele habita o *ethos* dos homens.

No primeiro nascimento, o homem habita a morada dos pais. No segundo, ele habita o *ethos* dos homens, não apenas a morada natural. Mas como é esse habitar o *ethos* dos homens? É apenas curvar-se diante das leis que os homens inventam?

Neste ponto, gosto de trazer o exemplo de uma figura exemplar, Édipo. Gosto especialmente dessa história porque Édipo é o herói que encarna a contradição própria dos homens: o poder, pelo limite; a liberdade, pela restrição. Nele, tudo é contradição. Diferentemente dos outros heróis, que são semideuses, Édipo é completamente humano. Numa cultura como a grega, que valoriza a perfeição física, ele não é bonito, é aleijado, como indica o seu nome, que significa pés inchados. Heróis são sempre, pelo menos no fim da história, bem-sucedidos, mas, quanto a isso, Édipo é o fracasso total. Ele é errante pelos caminhos e, quando derrota a Esfinge, o que parecia ser uma vitória se transforma na desgraça de se casar com Jocasta. Heróis são recompensados, mas Édipo é castigado por Creonte e por si mesmo. Os heróis confirmam as tradições, mas Édipo é transgressor, e não pede desculpas. Talvez o significado do seu nome permita-nos pensar nele como alguém com pés inchados por ser o que erra pelos caminhos, o andarilho, o mendigo. Por que então tomo Édipo como exemplo de homem livre? Que tipo de herói ele é?

O oráculo já havia previsto que Édipo estava destinado a matar seu pai e a se casar com sua mãe. Ele não escolheu isso, aliás, fez o possível para escapar desse destino. Depois de tudo, ao constatar o que havia feito, tendo todos os argumentos para se desculpar, ele assume como sua uma culpa absurda. Ele podia atribuir o acontecido aos desígnios dos deuses. Mas ele não se desculpa. Seu movimento é justamente o contrário, ele se agarra a essa culpa. Édipo se apropria da culpa. Mas por que ele faz isso? Seria por teimosia? É que, desculpando-se, isso equivaleria a se ver como fantoche nas mãos dos deuses, do destino ou das circunstâncias. Assumindo a culpa, é como se ele dissesse que, independentemente da origem dos fatos, o que está em curso é a história dele. E a história dele é dele. É como se ele gritasse que os fatos estão nas mãos dos deuses, mas aos homens cabe a possibilidade de fazer a história, de costurar os fatos numa estrutura única de sentido, isso que inaugura a condição dos homens. Os homens são histórias.

Os homens são histórias constituídas pela articulação dos fatos que eles não determinam, mas que, ao se articularem, fazem a história que é a de cada um. Cada homem pode dizer: "Esses são os fatos que me foram destinados, mas esta história sou eu; e esta é a minha falta: ser uma história que ainda não acabou, que está em curso". O homem livre não apenas é, o homem livre *ek-siste*, ele está vindo a ser a história que ele está sendo. Quando o homem é livre, essa história que ele está sendo ainda não acabou, está em curso. O estar em curso de sua história é a sua liberdade. A liberdade dos homens não é onipotência, como a dos deuses, ela consiste, antes, no fato de eles serem histórias que permanecem sempre em aberto, que estão sendo escritas pelas vivências, à medida que eles se apropriam dos fatos que acontecem em suas vidas.

No final da tragédia Édipo Rei, o coro, que na tragédia grega tinha a função de dar a moral da história, de orientar o espectador, diz:

> Concidadãos de Tebas, pátria nossa,
> olhai bem: Édipo, decifrador
> de intrincados enigmas, entre os homens
> o de maior poder — aí está!

> Quem, no país, não lhe invejava a sorte?
> E agora, vede em que mar de tormento
> ele se afunda! Por esta razão,
> enquanto uma pessoa não deixar
> esta vida sem conhecer a dor,
> não se pode dizer que foi feliz[2].

Ou seja, até que a vida termine, não se pode dizer que um homem foi feliz ou infeliz, como não se pode dizer que foi nada, pois, para quem uma história se encontra sempre em aberto, como Édipo, enquanto essa história não acabar, em um dia — e um dia é o espaço de tempo em que se desenrola a tragédia grega — tudo pode acontecer. Tudo pode acontecer na vida desses homens cuja liberdade é ser história.

Será que o mito reconhece Édipo como herói? Na descrição da morte de Édipo, aparece uma condição curiosa. Édipo não morre como qualquer mortal. Depois de ter se afastado de Antígona, que o acompanhava, ele desce aos infernos. Empunha a sua morte e sai do mundo dos homens se movimentando por si mesmo, com suas pernas, cego, aleijado, miserável, expulso da cidade. Esse descer aos infernos com suas próprias pernas significa um apropriar-se da sua morte. Não é a morte que cai sobre ele, como um acontecimento; ele não é vitimado, ele faz a sua morte, faz dela um processo. Morre no sentido mais pleno do verbo morrer. E poder morrer dessa forma é a homenagem que os deuses prestam a um mortal. Só Hércules e Édipo são destinados a poder fazer isso, com o respeito dos deuses.

Édipo afirma o espaço humano no qual os deuses não podem interferir, o espaço em que o homem livre pode fazer da sua história uma história propriamente sua.

---

2 SÓFOCLES. *Édipo rei*. São Paulo: Abril Cultural, 1976, p. 91.

Depois de termos trazido Édipo como exemplo do homem livre, do homem que se apropria dos acontecimentos de sua vida fazendo deles a sua história, que afirma sua liberdade aceitando a restrição, que afirma seu poder aceitando a culpa, podemos voltar a falar sobre a ética.

A ética diz respeito, como dissemos, ao segundo nascimento do homem, do homem livre. Pois todos nascemos homens, mas nos tornamos humanos. A condição humana não é uma propriedade, não é uma qualidade. É uma obra permanentemente criada, sustentada e produzida. É uma história feita pela apropriação dos acontecimentos da vida de cada um. Ser humano não é uma condição dada e pronta. Nascemos homens e cotidianamente nos fazemos humanos, ou não. E porque é assim, os homens podem se tornar desumanos. Sartre diz, no prefácio de um livro sobre tortura, que só os homens podem ser desumanos.

Quando o homem se aliena da sua história, da história que está sendo, naquele sentido em que Hannah Arendt se refere ao falar da banalidade do mal, ele perde a condição de humanidade que o caracteriza como aquele a quem compete ser, dia a dia, o tecelão de sua história, cuidando de sua morada humana. Ao cuidar do seu *ethos* como quem tem a liberdade da intimidade com a sua morada, ao cuidar assim da morada que o faz humano, ele vai se tornando seu *ethos*, ele se torna ético. O homem livre se faz história sendo o *ethos*, a morada dos acontecimentos da sua realidade. Para o homem, liberdade e construção do *ethos* são uma coisa só. Disso decorre que:

Só é livre propriamente, no sentido da pólis, o homem que é ético.

Só é ético o homem que se dispõe para a liberdade.

O homem se faz humano na ética.

Ética é a obra humana que constitui a humanidade dos homens. Da mesma forma que cada homem cotidianamente se faz humano, também a morada dos homens, a pólis, precisa ser sustentada pela ética para ser o lugar onde os homens podem ser história e fazer história.

Ética é a apropriação da moral no sentido da autenticação da liberdade que é restrição e do poder que é culpa. Restrição, porque o ser livre do homem inclui limites e porque suas escolhas implicam renúncias. Culpa porque, sendo uma história em aberto, o homem está sempre em falta diante de seu poder-ser, de sua necessidade de corresponder à sua essência, que consiste no cuidado de si mesmo, dos outros e do mundo.

Dissemos antes que a moral diz respeito ao conjunto de princípios e regras que norteiam o comportamento dos homens, estabelecendo restrições da liberdade individual com vistas à harmonia do convívio social. Essas regras, ao serem estabelecidas, devem poder ter uma universalidade, ou seja, devem servir para todos. Isso corresponde à tradição judaico-cristã e também ao pensamento de Kant quanto a esse tema. Subjacente ao estabelecimento das leis morais está presente a questão da justiça, e isso implica que deveres sejam assumidos e direitos sejam respeitados. Por isso, frequentemente, a violação daquelas leis morais consideradas fundamentais numa sociedade podem ser objeto de sanções.

Mas, quando pensamos na palavra ética, vemos que ela supõe algo mais do que a moral. Como dissemos antes, a palavra ética liga-se ao poder habitar o *ethos*, o espaço ou a morada onde o homem livre, o cidadão, compartilha a sua liberdade com os outros homens, liberdade que não significa exercício de poder, mas sim familiaridade com o pôr em prática o cuidado, exatamente isso que caracteriza o homem livre.

Encontramos no livro de Yves de La Taille, *Vergonha, a ferida moral*, um relato que ilustra bem o que dizemos aqui. Ele cita um estudo de Carol Gilligan, pesquisadora americana, no qual esta mostra como a ética pede que mais coisas, além de direitos e deveres formalmente considerados, sejam levadas em conta.

Gilligan, em seu estudo, faz uso de algo proposto pelo psicólogo americano Kohlberg. Trata-se de um famoso dilema que costuma ser dado para ser resolvido pelos sujeitos de pesquisas dentro do campo da psicologia moral. É o "dilema de Heinz", em que estão implícitas questões de direitos e deveres: direito à vida, direito à propriedade; dever de roubar um remédio, dever de facilitar ou de dar um remédio. O dilema é o seguinte: um homem sem recursos deve ou não roubar um remédio para salvar sua esposa da morte, se esse remédio salvador é propriedade de um farmacêutico que se recusa a qualquer negociação em relação ao preço?

Gilligan propôs esse dilema a dois sujeitos de onze anos, um menino, Jake, e uma menina, Amy. Os dois deram respostas muito diferentes à pergunta. O menino diz que é absolutamente lógico que Heinz deve roubar o remédio, pois a vida humana vale mais do que o dinheiro. Jake encaminha sua resposta de uma forma racional, partindo de um princípio que poderia ser reconhecido por qualquer pessoa. Para Amy, a situação apresentada é um verdadeiro dilema, é um desafio. Ela é menos categórica do que Jake. Ela hesita e diz: "ele não deve roubar o remédio, mas também sua mulher não deve morrer. (...) Se ele roubasse o remédio, ele poderia salvar sua esposa, mas, se fizesse isso, poderia ir para a cadeia, e, então, sua mulher poderia ficar mais doente de novo, e ele não poderia obter mais remédio, e isso não podia ser bom. Por isso, eles deviam realmente conversar sobre o assunto e achar algum outro meio de conseguir dinheiro".[3] A menina concentra-se em aspectos particulares e concretos das relações humanas envolvidas no caso.

Gilligan, embora reconheça alguma ingenuidade em Amy, dá importância à sua capacidade de não equacionar o problema como

---

[3] DE LA TAILLE, Yves. *Vergonha, a ferida moral*. Petrópolis: Editora Vozes, 2002, p. 22.

uma questão de lógica e de ver nele um fato humano, em que estão envolvidas relações entre pessoas concretas. Amy não vê aí uma questão de justiça somente, ela vê um drama pessoal — o que será da vida da esposa de Heinz se ele for preso? Ela recorre a outras possíveis saídas.

Esse dilema costuma ser visto pelos pesquisadores como uma questão moral a ser pensada a partir do ponto de vista da necessidade de justiça. Mas Carol Gilligan trouxe um outro olhar sobre o assunto e chamou a atenção para a questão ética existente na situação, chamando-a de ética do cuidado.

Nós podemos ver na resposta da menina algo fundamental: o tempo. Na ética da justiça, o tempo não aparece. Mas, na ética do cuidado, o tempo aparece como muito importante, pois os atos humanos têm desdobramentos no tempo. As questões dos homens não se resolvem levando em conta só o momento, porque os homens são histórias. O homem se alonga no tempo histórico.

Quando nos aproximamos da ética do cuidado, vemos que os dilemas humanos pedem mais do que o imediatismo de soluções baseadas apenas em valores e juízos morais rígidos. O dilema precisa ser superado com o cuidado que o considera como algo que está se dando no presente, mas que faz parte de uma história que está aberta para o futuro e que, por isso, vai necessitar ser integrado nessa história. E, nos conflitos entre os homens, é importante buscar acordos, buscar a mediação de outros homens. Os homens, que se tornam humanos dia a dia, que habitam a pólis, que têm no *ethos* a sua morada, não devem se alienar dos outros homens, eles precisam contar uns com os outros.

E a ética na terapia?

Já nas primeiras entrevistas, no momento do contrato, é dito para o paciente que o que ele expressa ali não é objeto de julgamento moral. Nesse sentido, aquele é um espaço de neutralidade moral. Mas, em benefício da segurança do paciente e do terapeuta, um limite existe. É um único limite. E esse limite é exatamente aquilo mesmo que constitui o recurso fundamental do nosso trabalho: a linguagem. Na sessão, tudo pode ser dito, pode ser expresso de alguma maneira, mas nada além da linguagem. Nesse caso, limite e recurso são a mesma coisa.

No trato com as questões trazidas pelo paciente, frequentemente aparecem temas ligados a dilemas morais. Não é papel do terapeuta julgar moralmente os atos do paciente, e tampouco dar lições. Mas faz parte de seu trabalho olhar com ele para a questão que está sendo vivida, pois ter de se haver com esse assunto faz parte da vida humana.

O trabalho da terapia envolve o cuidado compartilhado entre terapeuta e paciente, tendo em vista o desenvolvimento do homem livre, o segundo nascimento do homem, pelo qual os homens se fazem propriamente humanos, pelo qual eles se tornam capazes de se apropriar das restrições morais dentro da vivência da liberdade ética. Esse trabalho envolve a dedicação à tarefa de tecermos com aquele paciente a ética que permite que os acontecimentos que se dão na sua vida sejam acolhidos como algo que deve se integrar na sua história que está sendo vivida, sem alienação, mas com o comprometimento de quem sabe que aquela história é sua, diz respeito a ele.

Como terapeutas, precisamos nos lembrar de que as questões humanas não podem se restringir à ética da justiça, embora a justiça seja absolutamente fundamental. Aristóteles já dizia que ela é a mais perfeita das virtudes. Sabemos, entretanto, que a justiça é necessária, mas não é suficiente, ela precisa ser complementada pela ética do cuidado, porque o próprio dos homens é o compromisso com o cuidado de si mesmo, dos outros e do mundo onde vive.

três
A PROFISSÃO DO PROFESSOR

Todos nós sabemos o que um professor faz; sabemos que ele ensina, educa. Mas há outras pessoas que também ensinam, educam. O que caracteriza a especificidade do trabalho do professor?

Vamos olhar primeiramente para o contexto circunstancial ou conjuntural em que esse trabalho acontece, para depois nos aproximarmos do seu cerne, ou seja, do que essencialmente caracteriza essa profissão.

Contexto, como estamos considerando aqui, é o conjunto de acontecimentos particulares que se dão num determinado momento e que configuram as circunstâncias em que algo se realiza. Levar em conta essas circunstâncias é sempre muito importante quando queremos compreender um fenômeno que diz respeito ao humano, neste nosso caso, ao ser professor. Pensar nas circunstâncias remete-nos à consideração de que é sempre num mundo fático, concreto, que os seres humanos existem. Pois o homem não existe separado do mundo, não existe sem mundo, ele é ser-no-mundo. Essa é uma ideia fundamental no pensamento de Heidegger. E o filósofo espanhol Ortega y Gasset também dizia a respeito do homem: "Eu sou eu e minha circunstância".[1]

---

1 ORTEGA Y GASSET, J. *Meditações do Quixote*. São Paulo: Iberoamericana, 1967.

Ao olharmos para o contexto que cerca a atividade do professor, esse nosso olhar pode se encaminhar levando em conta dois âmbitos: o temporal ou histórico, em que o momento atual surge com suas principais características, e um outro, o âmbito constituído pelo espaço; não o espaço em sentido físico, mas o espaço como o "onde" acontece o trabalho do professor, como o "cenário" em que ele exerce seu papel.

Comecemos a pensar, do ponto de vista histórico, nas transformações que ocorreram no mundo, e vejamos em seguida algumas características do nosso momento.

Constatamos que, em nossa época, um dado inegável é a transformação pela qual tem passado a estrutura da instituição família, principalmente nos últimos 30 ou 40 anos. Essas transformações já começavam a se anunciar a partir da Segunda Guerra Mundial e, atualmente, a família se organiza numa dinâmica nova. Sabemos, por exemplo, que mais de 30% das famílias não têm a figura do pai, são conduzidas exclusivamente pelas mães. A possibilidade de divórcio e de segundo ou terceiro casamento dos pais traz situações novas, problemas que pedem soluções atuais para questões que podem resultar num desconforto, pois não existe ainda uma tradição para indicar os procedimentos mais adequados a essa nova condição: filhos que se dividem entre a casa do pai e a casa da mãe, entre o que é aceito numa casa e não é aceito na outra e que, muitas vezes, descobrem maneiras de obter vantagens dos dois lados; filhos diante dos quais os pais podem ter medo de exercer sua autoridade, temendo desgostar a criança e perder o seu amor. Mesmo nas famílias em que pai e mãe permanecem juntos, o próprio conceito de autoridade dos pais está desgastado. Tanto pais como filhos são cercados pela imposição de modelos de comportamento que se tornam imperativos: a roupa que é preciso usar, a balada a que não se pode deixar de ir, o não haver tempo para estudar porque o lazer e a vida social do jovem são mais importantes, o precisar ser sempre o pai amigão e a mãe compreensiva, e assim por diante. Mesmo pais que se preocupam com a educação sentem que sua tarefa está se tornando muito difícil, que a pressão vinda em direção contrária àquilo que eles sonham como sendo o bom para seu filho tem uma força muito grande, os pais passam a esperar que a escola possa dar conta daquilo que eles não estão conseguindo realizar. E o resultado de tudo isso é que a família começa a jogar para os professores as expectativas do cumprimento daquelas funções que, até então, cabiam basicamente a ela; a família começa a esperar que a escola, que os professores sejam responsáveis pelo sucesso de seus filhos: sucesso acadêmico, sucesso econômico, sucesso social em termos de status social futuro e até mesmo sucesso afetivo.

Outro aspecto que caracteriza o nosso tempo é a compreensão que a cultura tem da criança e do adolescente. Antes, era comum ouvirmos algo assim: "Menino, se um aluno não aprende é porque é burro ou vagabundo, e, como você não é burro e teve essa nota baixa, então é vagabundagem mesmo. Trate de estudar". Isso era de uma obviedade total; esperava-se que o aluno tivesse uma responsabilidade essencial em sua formação. Agora, porém, é mais provável que ouçamos: "Você não é burro e vem com essa nota baixa. Parece que você não aprende nada. O que é que esse professor ensina?". Ou seja, facilmente conclui-se que, se o aluno não aprendeu, foi porque o professor não ensinou. A responsabilidade da aprendizagem se deslocou da competência do aluno para a competência do professor. Não sei se os adultos se dão conta do quanto, ao pensarem dessa forma e tomarem atitudes que tiram a responsabilidade do aluno, eles fragilizam a criança e o adolescente. Tirar do jovem a sua responsabilidade pelo que ele faz ou deixa de fazer significa tirar dele a possibilidade de se sentir como alguém cujos atos repercutem no mundo e têm consequências, como alguém que tem importância, sim, porque seus atos podem ser determinantes de coisas boas e de coisas ruins. Digo isso, porque o preço do não ser responsável, isto é, da inocência, é a impotência. Pois só pode ser inocente quem não tem poder, assim como só pode ser responsável e culpado quem tem poder.

Havia uma outra frase muito repetida tempos atrás: "Criança não tem querer". E, nesse caso, a criança era vista como inocente e tendo de obedecer ao adulto, porque esse era quem sabia o que era bom para ela. Bem, deixamos para trás a ideia da criança como alguém que não tem querer e aceitamos hoje o querer absoluto da criança, que não pode ser contrariada. Essas mudanças nas concepções a respeito da criança e do adolescente repercutem em nossa concepção de educação e nas expectativas que depositamos na função da escola. O fato é que essa complacência com a criança e o adolescente sobrecarregou o exercício do papel do professor.

Modificou-se também a concepção quanto ao esforço que o aluno deveria empregar para aprender. Aprender era considerado um processo de superação, de conquista progressiva e, portanto, algo que deveria implicar esforço e dedicação num trabalho que podia ser penoso. Essa perspectiva transformou-se na formulação contrária: "Aprender tem de ser gostoso, não deve demandar esforço". Engraçado é que, nos últimos anos, com a ausência do esforço na escola, o esforço foi morar nas academias de ginástica. Se não doer, não funciona. Importante é suar na academia, porque os músculos têm de ser bem definidos, o corpo precisa ser bem modelado. Na escola, quem tem de se esforçar é o professor.

Outra marca notável da nossa época é a velocidade da produção de conhecimento. Há um volume imenso de informações em todas as áreas e as pessoas sentem-se pressionadas pela necessidade de ter informações sobre tudo, tendo em vista o mundo competitivo em que vivemos. Passa a ser esperado que o professor viabilize uma aquisição muito grande de informações. Além disso, houve também um acréscimo tremendo de informações sobre a própria educação. Sucedem-se os modelos pedagógicos, as teorias de aprendizagem;

surgem a todo momento recursos técnicos sofisticados, e isso tudo não deixa o professor se enraizar numa metodologia. Ele precisa correr atrás do que aparece de novidade e de coisas que ainda não tiveram tempo de amadurecer.

Ao mesmo tempo que a função do professor se sobrecarrega, com frequência ela é hoje menos prestigiada do que já foi até as primeiras décadas do século 20. No Japão, o professor, particularmente aquele do ensino fundamental, tinha tanto prestígio que essa era a única função diante da qual o imperador curvava a cabeça. Antigamente, na França, o único profissional que, pela sua profissão, estava autorizado a sentar-se na presença do rei era o professor do ensino primário. O professor era o mestre, aquele que introduzia o conhecimento na vida da criança ou que introduzia a criança numa condição mais plenamente humana. Era essa a tarefa do professor, a tarefa da educação. Dessa condição de prestígio que o caracterizava, o professor passou a ser considerado um prestador de serviço, um serviçal, frequentemente mal remunerado, esvaziado de sua respeitabilidade essencial. Ele foi retirado de uma posição de autoridade, a autoridade que permitia ao professor até mesmo a condição espantosa de castigar fisicamente as crianças, o uso da palmatória. A autoridade do professor deu lugar à necessidade de ser, de certa forma, um sedutor, pois hoje os alunos precisam gostar dele para que ele consiga ensinar. Ele precisa ser interessante, cativante. Se antes o aluno tinha de fazer seu trabalho porque o professor mandava, agora ele faz porque gosta do professor, porque aquilo que é pedido para fazer é interessante, porque foi seduzido a fazer.

Essas são algumas das transformações que, no decorrer das últimas décadas, afetaram as circunstâncias que cercam o desempenho do trabalho do professor.

Podemos olhar agora para o contexto circunstancial representado pelo espaço ou "cenário" em que esse trabalho é realizado. Estamos falando do professor que desempenha sua função na instituição escola. Isso é diferente de ser um professor particular ou de uma escola dominical ou alguém que trabalha com menores de rua. O "cenário" em que o professor trabalha é constituído pela reunião, pela confluência de quatro elementos fundamentais: a instituição escola, os pais dos alunos, os alunos e os professores mesmos.

A escola é basicamente uma instituição, se bem que a escola particular pode ser vista também em sua qualidade de empresa. Como instituição, a escola desenvolve três grandes funções que são fundamentais. A primeira refere-se à organização da própria sociedade; a segunda diz respeito à questão relativa à produção; a terceira tem algo em comum com a ordem política.

A escola, como instituição que tem um papel na organização da sociedade, está profundamente ligada à questão da ordem social, e, nas últimas décadas, quando temos a ordem social como tema, surge sempre como assunto prioritário o problema da segurança. Esse problema é sempre levantado nas discussões. Vimos na década de 1960 como, em nome da Segurança Nacional, um conceito extremamente delicado e complicado para ser definido, o governo estabeleceu em nosso país o Ato Institucional nº 5, com amplo poder de interferir nos direitos dos cidadãos, na sua liberdade. Nos Estados Unidos, depois do 11 de Setembro, também tendo em vista a Segurança Nacional, medidas carregadas de violência foram adotadas. Fico imaginando o que Washington e Jefferson sentiriam se soubessem que o Senado americano aprovou uma lei que valida a tortura. É como uma reedição da Gestapo. Em nome de quê? Em nome da segurança, que se tornou uma questão absolutamente central.

E, realmente, a segurança é uma questão central, a segurança é necessária. E, exatamente por isso, é preciso que haja uma reflexão mais apurada a respeito do conceito de segurança, a respeito do que é necessário para que as pessoas se tornem mais capazes de zelar pela própria segurança e pela dos outros e, ao mesmo tempo, para que elas se mostrem menos invasivas, menos destrutivas diante dos outros, diante do mundo. Precisamos conseguir ver que segurança e liberdade devem ser complementares, e isso implica uma reflexão também sobre o conceito de liberdade. Pois, da maneira como se vem habitualmente tratando a questão da segurança, o que surge como a primeira alternativa para o problema é a restrição da liberdade: um controle externo da liberdade. Mas será que esse controle externo é o que vai garantir efetivamente a segurança? Parece que isso não está acontecendo. São sempre encontrados meios de burlar o controle ou de desviar-se dele. E, cada vez que isso acontece, é necessário acrescentar ainda mais restrições à liberdade, o que não impede o surgimento de novas formas de ataque à segurança.

É que a mera restrição da liberdade não resolve. Tentar resolver o problema desse jeito equivale ao modo como adultos procuram garantir a segurança de crianças, que, pelo fato de serem crianças, ainda não estão aptas para desenvolver seus recursos e habilidades para prover a própria segurança. Elas precisam ser vigiadas, controladas externamente. Quando a sociedade pretende resolver a questão da segurança pública por meio do controle externo da liberdade dos cidadãos, é como se, analogamente ao que fazemos com crianças, a humanidade fosse infantilizada: todos precisam ser vigiados e controlados por um agente externo. E aí estão todas as câmeras em torno de nós nos lugares públicos, todos os nossos dados pessoais armazenados nos computadores, todas as restrições que nos são impostas em várias situações. Para onde isso evoluirá? Acabamos por acreditar que tem de ser assim mesmo e que isso é até bom, que é preferível a segurança e a segurança se opõe à liberdade, que elas são incompatíveis. Mas, se isso for mesmo assim, então estamos encrencados, porque pagar a segurança abrindo mão da liberdade é o maior problema que o humano pode criar para si mesmo. Parece, nesse caso, que estamos sem saída.

Há uma possibilidade, porém, de que, a médio e a longo prazo, segurança e liberdade se complementem. E é somente a educação que abre essa possibilidade. É só educando as pessoas que teremos chance de que a questão da segurança seja objeto do cuidado de cada adulto, não só a segurança própria como a dos outros. É só a educação que poderá fazer com que a questão da liberdade seja repensada; só a educação poderá favorecer a compreensão de que ser capaz de abrir mão da própria impulsividade não faz da pessoa alguém menos livre, pois, ao contrário, isso aumenta até mesmo a sua liberdade. Pois ser impulsivo não é ser livre. O impulsivo é escravo dos impulsos. Quem age por impulso não decide o que quer, apenas reage, movido por um conjunto de determinações prévias. Mas chegar a compreender isso não é assim tão simples. Essa compreensão e o modo de conduta que daí decorre desenvolvem-se por meio de uma relação de cuidado que, nesse caso, podemos chamar de educação. Embora a educação seja um processo amplo, que compete também à família e aos adultos em geral, a escola é especificamente a instituição que tem a educação como finalidade. E, como tal, ela desempenha esse grande papel de cuidar da ordem social na medida em que cabe a ela possibilitar que os jovens se tornem pessoas que prezam a liberdade e, ao mesmo tempo, pessoas capazes de respeitar limites, de aceitar regras e, assim, capazes de respeitar o que diz respeito à segurança de todos.

A segunda função da escola como instituição é a que diz respeito à questão da produção. Já tem sido repetido que é preciso pensar na formação da mão de obra, é preciso qualificar o operário para que ele melhore seu desempenho no trabalho, em benefício não só dele como da empresa que o emprega. Mas, agora, essa necessidade de qualificação passa cada vez mais a abranger todos os setores da sociedade, todos os tipos de trabalho, desde os mais braçais aos mais intelectuais. Os empresários, os advogados, os operários da construção civil, os operadores de máquinas industriais, os que trabalham no campo, nas escolas, nos hospitais, no comércio, na engenharia, nas universidades, enfim, todos são cobrados quanto à sua capacidade de produção. Cada um precisa desenvolver um conjunto de habilidades e todos competem, porque quem tiver mais habilidades, quem for mais qualificado e, por isso, mais produtivo vence, isto é, tem sucesso. E espera-se que a instituição escola esteja apta para qualificar o melhor possível seus alunos, não só pelas matérias que fazem parte do currículo como por meio de outros processos que levam ao desenvolvimento da sua capacidade de produção. Neste momento em que vivemos, o que o mundo nos diz é que é necessário ser produtivo, e a sociedade cobra da escola que ela prepare a pessoa para produzir. É por isso que os professores trabalham com seus alunos para que eles passem no vestibular, capacitem-se para o exercício de uma profissão, adquiram um *know-how*, sejam capazes de desempenhar funções dentro de uma sociedade que vai se tornando cada vez mais complexa do ponto de vista do conjunto das informações necessárias para o exercício de atividades produtivas.

O terceiro aspecto sobre o qual falaremos agora diz respeito à instituição escola em sua relação com a política, entendida no sentido aristotélico. Tratar da resolução da questão política é talvez a mais ampla de todas as tarefas da escola. Estamos falando aqui do senso político como o despertar da possibilidade e da necessidade do cuidado. E o mundo em que vivemos solicita esse cuidado de muitas maneiras. É preciso cuidar dos homens, da natureza, do desenvolvimento da sociedade, da harmonia das relações entre os homens e dos homens com as outras espécies do planeta e assim por diante. A necessidade desse cuidado é a referência política mais fundamental.

E, nesse sentido, o desdobramento e a realização da capacidade de cuidar estão profundamente ligados ao desenvolvimento da ampliação da consciência. Não basta a consciência de si, não basta a consciência de seu espaço; é preciso, e para o homem contemporâneo mais do que nunca, uma consciência capaz de abarcar o mundo todo — isto, sim, uma globalização de fato —, e não apenas os pequenos grupos em que cada um se inscreve. É necessário também ampliar a consciência para que cada um possa dar conta desse processo permanente de atualização de informações que a Internet vem criando. Em grande parte das vezes, o acúmulo de informações que chegam de todas as fontes, de todos os lados, sobre todos os assuntos, faz com que acreditemos que somos muito atualizados. E o que significa esse ser tão atualizado? Será que esses assuntos todos são tão importantes? E, quando são importantes, será que pensamos sobre eles? Essas informações todas contribuem para que nos posicionemos cuidadosamente diante do mundo sobre o qual há tanta informação? O volume de informações cresce de uma forma alucinada, e vão se perdendo nossos padrões de avaliação. Por isso, para que não nos percamos nessas informações, importa que nossas consciências se ampliem para que sejamos capazes de filtrá-las. O despertar do cuidado e a ampliação da consciência me parecem ser os dois grandes fatores do desenvolvimento da questão política, da questão da cidadania, pois o cidadão hoje é mais que cidadão de um país, é cidadão do mundo e, portanto, tem a necessidade de uma inserção política mais complicada do que já foi ao longo da história até aqui.

Sem deixar de ser uma instituição, a escola particular pode ser vista também como uma empresa da qual faz parte uma relação comercial, que recebe pagamento de uma clientela por uma prestação de serviço. Mas precisamos ter uma compreensão diferenciada do que significam, nesse caso, pagamento e clientela. Quem é o cliente da escola? Lembro-me do que a diretora de uma escola respondeu certa vez a um pai de aluno que, arrogantemente, fazia exigências indevidas alegando que, já que ele pagava, ele era o cliente e, por isso, tinha de ser atendido. Ela lhe disse: "Você não é o meu cliente; o cliente da minha escola é o futuro, é a sociedade de amanhã". Na verdade, é essa a referência principal. Os pais são parceiros, se estiverem dispostos a isso. Mas é fato também que os pais pagam a escola, pagam por alguma coisa. Mas o que a empresa escola põe à venda? O que essa empresa se propõe a vender é a qualidade do ensino. Pois, no dia em que a escola pública oferecer a mesma qualidade de ensino, por que os pais iriam querer pagar a escola particular?

O espaço que compõe o contexto em que o professor trabalha é constituído também por um outro elemento: os pais dos alunos. Em primeiro lugar, pensemos. Por que os pais procuram a escola? O que eles querem? Os pais querem que seus filhos tenham sucesso na vida. Mas não é só isso que eles desejam, eles querem muito mais: querem que seus filhos sejam felizes. E eles esperam que a escola promova a felicidade de seus filhos. Não só a felicidade futura, mas querem que eles sejam felizes enquanto estão naquela escola. Querem que eles voltem para casa contentes. Gostariam que eles acordassem segunda-feira dizendo: "Oba! Hoje tem aula!". Esse seria o ideal, pois assim eles, os pais, ficariam dispensados do trabalho de forçar a criança a ir para a escola. Isso não é uma crítica aos pais, mas acho importante que os professores se lembrem de que os pais têm essas expectativas, esses desejos. É bom que os professores conheçam esses anseios, nem sempre expressos, dos pais. Eles têm medo de que os filhos sofram. Antigamente, o adulto via a criança sofrendo e dizia: "É assim mesmo, filho, é preciso aguentar, isso faz parte, vai passar. Mais tarde você vai olhar para o que aconteceu agora e vai poder se ver como uma pessoa que soube ser forte desde menino". Como o adulto tinha uma perspectiva de tempo mais abrangente, ele conseguia suportar melhor o sofrimento da criança. O encurtamento do tempo promovido pelo conceito de efetividade, de eficiência, criou um encurtamento também de perspectiva e, assim, os pais não aguentam mais, não suportam ver a criança ou o adolescente sofrendo, eles se desesperam também. Eles perderam a perspectiva de olhar para além do sofrimento e se misturam no sofrimento do filho. A ideia do "depois" está sumindo. Estamos vivendo num tempo em que tudo é para já, a recompensa tem de ser já, o sofrimento não pode acontecer. Estamos nos esquecendo de que o sofrimento faz parte do processo de crescimento. Lembro-me agora de que, no mito da expulsão do Paraíso, é dito a Adão: "comerás o pão com o suor do teu rosto", e a Eva: "parirás com dor". Mas cada uma dessas frases se aplica tanto ao homem como à mulher. A necessidade do esforço, do "suar", vai estar sempre presente na vida humana, e "parir" sempre dói, deixar vir à luz o novo é dolorido, custa esforço. Existe um sofrimento que faz parte do modo de ser do homem e que não pode ser eliminado. O que permite que o sofrimento seja ultrapassado, e não eliminado, é exatamente a ampliação da perspectiva que diz: "Calma, isso que agora dói, amanhã vai prover tantas recompensas que vale muito este sofrimento de agora". O sofrimento não pede a sua eliminação imediata, o sofrimento pede a presença da esperança.

Outro ponto a ser lembrado com relação aos pais dos alunos é o medo da culpa. Certamente, ninguém gosta de se sentir culpado de alguma coisa. Admitir alguma culpa relativa a algo que diga respeito ao filho é mais difícil ainda. Os pais não querem ser cobrados. Por outro lado, eles gostam de saber que têm poder sobre os filhos. É aí que surge um problema, porque só tem poder quem pode ter culpa, e só pode não ter culpa, ou seja, ser inocente, quem não tem nenhum poder. Poder e culpa são verso e reverso da mesma medalha: quem não quer se sentir culpado está abrindo mão do poder. Alguns pais, porém, transferem para a escola a culpa pelo que não está indo bem na vida escolar do filho ou mesmo por alguns comportamentos indesejáveis que ele esteja apresentando e, ao fazerem isso, eles pretendem sentir que são inocentes com relação àqueles problemas do filho. Ao mesmo tempo que querem ser inocentes, porém, continuam a sentir-se poderosos. Esse sentimento de poder mantém-se garantido pelo fato de pagarem a escola, de estarem dando ao filho o que eles podem dar de melhor. É como se eles dissessem: "Eu ofereci a melhor escola, as melhores oportunidades, o melhor de tudo, não me cobrem mais nada, eu não tenho culpa pelo que está acontecendo". Nesse momento, os pais se deparam com a dificuldade de admitir (apesar de eu ter feito tudo o que achei que podia fazer, ainda foi pouco em vista do que precisava ser feito; o jeito de fazer não foi o melhor; eu não considerei alguns detalhes; eu ignorava essa faceta do meu filho; o problema era maior do que eu imaginava; eu não procurei algumas informações; eu demorei para tomar uma providência) que eles não podem tudo. É a dificuldade de se deparar com a própria impotência, porque isso angustia.

Aqui entra mais um elemento para a nossa reflexão a respeito dos pais dos alunos: o desejo de se livrar da angústia. Antes de falarmos disso, contudo, vale a pena nos determos um pouco no seguinte: o quão especial, por ser trabalhosa, arriscada, irreversível e importante, é a decisão de ter filho. Você se propõe a trazer para o mundo e para participar da sua vida alguém de quem, por muitos anos, vai ser preciso cuidar em todos os sentidos; alguém com quem você vai se preocupar para sempre. E você não sabe quem virá, como ele será. (Talvez nas próximas décadas seja possível a escolha de embriões selecionados geneticamente, e isso trará novos tipos de problemas.) Você pode escolher se quer ou não ter um filho, mas, se escolhe tê-lo, não escolhe o filho que vai ter. Você quis ter um filho, mas o filho que chega não é "o" que você quis, mas o que lhe é dado ter. Quando ele chega, esse filho que você ganhou, você se abre para acolhê-lo. Ele pode se aproximar muito do filho desejado, e isso será sorte. Ele vai crescendo e a preocupação com o futuro se mostra de forma muito concreta nos planos que são feitos para aquele filho, mas esses planos convivem com uma dose muito grande de incertezas, porque você sabe que o futuro é indeterminado. Aquilo que você deseja pode não acontecer, tudo pode ser diferente, e por muitas razões: porque seu filho não conseguiu, porque a vida não permitiu, enfim, tudo pode não ser. E, diante desse "pode não ser", como fica você com os seus planos? E o vazio que vai restar? Você se aproxima da angústia. Podemos supor que pais cujo filho não corresponda ao filho sonhado por eles e que comecem a se angustiar com a sua possibilidade de fracasso na vida, com base nos problemas que ele está apresentando agora, não tolerem essa situação e joguem para a escola a tarefa de resolver os problemas. A escola deve impedir que ele se torne um drogado, que ele vire um vagabundo, um ressentido, um complexado, alguém incapaz de ganhar a vida. É como se eles pedissem: "Escola, faça este filho ser o filho que eu quis, me livre da angústia de ter de abandonar o meu sonho e olhar para o filho que, de fato, eu ganhei, de precisar me curvar diante da realidade deste filho que me foi dado". Eles precisam assegurar-se diante da indeterminação do futuro. Esses pais passam a esperar dos professores esse cuidado com seu filho. Falarmos aqui dessas expectativas dos pais, provavelmente inconfessas, não significa uma crítica a eles, pois elas dizem respeito ao humano enquanto tal. Mas é preciso que os professores considerem também isso como algo que faz parte das circunstâncias que rodeiam o seu trabalho na escola.

Falemos agora de outro elemento que constitui o "cenário" em que acontece o trabalho do professor: os alunos. O que os alunos querem? Já houve um tempo em que essa pergunta era desnecessária, pois a criança e o jovem "não tinham que querer". Depois, a motivação do estudante passou a ser considerada um fator importante, facilitador da aprendizagem de uma determinada matéria. Atualmente, ela é vista como fundamental não só para aprender aquele assunto que vai ser ensinado, mas para o próprio ato de ir à escola. O que os alunos querem da escola? Por que eles vão à escola? Qual a sua motivação? Em primeiro lugar, eles vão para a escola porque os pais mandam que eles o façam. Crianças e adolescentes têm de ir para a escola. Os pais obedecem à lei e, além disso, eles sabem da importância do estudo para alguém viver no mundo atual.

Então, a primeira razão que motiva a ida para a escola é a coerção dos pais. O fato de existir essa pressão é uma motivação poderosa. E existe também a pressão exercida coletivamente, isto é, eles vão para a escola porque, afinal, todo mundo vai; é o que todo mundo faz. Não ir significaria ser diferente, ficar isolado, não poder se relacionar com os outros em pé de igualdade, e isso seria sentido pelo adolescente como algo ruim. Há ainda um outro fator de pressão, ou seja, a perspectiva de, a longo prazo, ter o status representado pelo diploma. Como ele iria ficar se um dia, mais tarde, estivesse num grupo de pessoas em que um era médico, outro engenheiro, outro professor, e perguntassem para ele o que ele fazia? Ele iria dizer que era analfabeto, ou que só tinha feito até o nono ano, ou que parou no colegial? Isso não. Ele precisa ir à escola agora para depois fazer faculdade. Aí está a pressão que ele sente: não ter diploma é vergonhoso. Todos esses fatores, embora poderosos, podem ser chamados de negativos, porque consistem em fazer algo para evitar uma possível situação que não se deseja que aconteça, para responder a uma pressão externa.

Mas há também os fatores que chamaríamos de positivos, e é muito importante que eles existam. O primeiro deles é a ambição pessoal. Nesse caso, a escola é procurada como um recurso para ele se tornar poderoso; poderoso do ponto de vista econômico, poderoso do ponto de vista intelectual, tornando-se uma autoridade num assunto, um doutor, um empresário de sucesso, um artista reconhecido e assim por diante. A ambição pessoal é uma grande fonte de motivação.

Outro fator positivo de motivação é a curiosidade, o interesse por um determinado assunto, pois isso leva a querer chegar a ter oportunidade de estudar mais sobre ele. Esse é um grande motivo que traz o aluno para a escola.

Ainda um outro motivo para o aluno ir para a escola é um certo narcisismo. O uso dessa palavra aqui não implica uma postura crítica. É que uma das coisas que trazem o adolescente para a escola é a oportunidade que ele tem de aparecer. Aí, ele pode ser notado pelo que faz ou não faz na sua classe, no seu grupinho; pode mostrar o quanto é bom numa matéria; pode ser visto como muito inteligente; pode mostrar que não se importa com nota baixa; pode ser aquele que aparece em todas as badernas; pode desafiar o professor, não acatando sua ordem ou, às vezes, fazendo com que ele se sinta ridículo, pois essa é a autoridade mais fácil de ser desrespeitada, porque traz menos consequências. O bom é quando esse "desafiar o professor" significa outra coisa, isto é, quando o desafio é uma oportunidade de trazer mais conhecimento, quando, pelas perguntas do aluno, o professor se sente estimulado a desenvolver novos argumentos, pois isso promove o crescimento dos dois. Mas quando o narcisismo se distorce, quando é só o querer aparecer como quem tem poder de desafiar a autoridade, como quem não tem medo, esse é um poder que não leva a nada. É importante que os professores saibam que essas motivações existem em seus alunos.

É bom também sabermos que os alunos podem vir para a escola por um motivo muito especial: pelo prazer de aprender, quando eles fazem a descoberta do sabor do aprender ou a descoberta do sabor do saber. Descobrir o sabor do saber é uma experiência fantástica para qualquer criança ou adolescente. Abre uma oportunidade de crescimento pessoal maravilhosa. Só que o sabor do saber é algo que precisa ser aprendido. O saber não é saboroso em si mesmo, porque implica esforço. Há nele dimensões trabalhosas, como aquela dor do parto de que falamos antes. O saber muitas vezes é ameaçado por uma certa angústia, pois a descoberta do novo desmonta o velho e o desmontar do velho traz um desamparo. Entre o momento em que o velho desaba e o momento em que o novo estará pronto para abrigar, você fica ao relento. Talvez a experiência mais significativa, o desenvolvimento da motivação mais importante no aluno seja a descoberta desse prazer de saborear o saber, de sentir o próprio crescimento.

Agora é hora de falarmos do quarto componente do contexto espacial ou do "cenário" em que o professor desempenha o seu papel: os professores mesmos. O que traz o professor para a escola? O que ele quer? A primeira coisa que traz o professor para a escola é a necessidade econômica. A relevância do caráter econômico na atividade educativa é uma questão discutida desde a antiguidade. No diálogo *Protágoras*, de Platão, temos a cena de Sócrates, que não cobrava para fazer filosofia, desafiando Protágoras pela sua prepotência de cobrar para ensinar. Protágoras era um sofista, e os sofistas faziam da atividade educacional uma atividade econômica. Sócrates diz a ele: "(...) tu vais por todas as partes com a cara descoberta, proclamando teu saber pela Grécia inteira, dando-te abertamente o nome de sofista, apresentando-te como mestre em educação e virtude, e sendo o primeiro que se atreve a reclamar um salário em troca de tuas lições".[2] Então, essa questão já tem no mínimo 2500 anos. Mas é absolutamente essencial.

Ser professor é um trabalho e, constituindo-se como trabalho, supõe uma contrapartida econômica. A remuneração pelo trabalho é importante não só pela necessidade que todos têm do dinheiro para se manter, para até mesmo investir na própria formação profissional, mas também porque essa necessidade de ganhar dinheiro é um fator de disciplina, de estabilidade, de tolerância, de persistência. A necessidade do dinheiro faz o professor ir para a escola. Suponhamos que o professor ganhe na loteria e não precise mais trabalhar, não dê mais as suas aulas. Ele pode ficar livre de qualquer pressão econômica, pode fazer o que quiser ou mesmo não fazer nada, pode pular a toda hora de uma atividade para outra, porque, sempre que algum aspecto opressivo surgir, ele pode largar tudo, ele tem liberdade total. Pois bem, será que, passado algum tempo, ele estará feliz? Talvez

---

2 PLATÃO. *Obras completas*. Madrid: Aguilar S.A., 1986, p. 186.

não. Como terapeuta, vejo que o fato de conseguir tolerar situações difíceis, superar momentos que parecem monótonos, pouco estimulantes, trabalhosos, é o que faz com que alguém, num outro momento, possa olhar para o que passou e ver que aquilo valeu a pena, porque, ultrapassado aquele pedaço da história, ele pôde se sentir mais confiante em si mesmo, mais confiante na possibilidade de modificação das situações. Precisar levar em conta a remuneração pelo trabalho é um fator que contribui para traçar objetivos, para ter a perspectiva de um horizonte em direção ao qual caminhar e para configurar limites.

Outra coisa que faz o professor procurar dar aulas é a oportunidade, e falar em oportunidade hoje significa falar em mercado, isto é, a correspondência entre a função e a habilidade pessoal. Um dia, você precisa trabalhar e há uma vaga para a qual você se acha habilitado. Então, você se candidata a ela e consegue, e se torna professor naquela escola.

O terceiro grande motivo para alguém se tornar professor é gostar desse trabalho. Para gostar do trabalho, concorrem três características da pessoa. Uma é ter facilidade para exercer a função, ou seja, gostar de falar, de ensinar, ter facilidade para seguir um raciocínio, para lidar com determinado conteúdo. Ter facilidade é um indicador da sua capacidade. Outra é ter prazer em realizar essa tarefa. E mais uma, muito importante, é a consciência do valor dessa função. É a consciência de que essa é uma tarefa das mais importantes: exercer, na instituição escola, o cuidado com a formação de cidadãos para o país e para o mundo.

O professor precisa de paixão no seu trabalho. A paixão do professor por seu trabalho tem o encantamento do parteiro, pois o professor trabalha necessariamente com nascimento, como Sócrates já havia visto. Uma das paixões do professor é a paixão pela autoridade, mas autoridade no verdadeiro sentido dessa palavra. Autoridade é uma palavra que provém do latim *algere*, que significa aumentar. A autoridade é um aumentador. Aumentador é aquele que, aumentando alguma coisa, ampliando-a, como uma lente, deixa ver. Deixa ver as nuanças, os detalhes, permite o aprofundamento da percepção compreensiva. Ser um aumentador é gostar de mostrar. De mostrar o quê? De mostrar o mundo, de revelar a realidade, de revelar o humano no aluno e para o aluno e, visando a isso, ele precisa aumentar para que o aluno possa ver. E, nesse papel de ampliador, ele aumenta também a sua própria exposição. Ele se expõe. O professor precisa de um pouco de narcisismo, aquele mesmo que também está presente nos artistas como os atores, os dançarinos, os músicos, os cantores. O professor que não é minimamente narcísico sofre para dar aula. Ele se daria muito melhor como pesquisador. Para ser professor, ele precisa gostar de se exibir um pouquinho, porque seu trabalho exige que ele se exiba, mostrando o que é importante para o aluno com a autoridade que aumenta para deixar ver; que ele se mostre como quem é apaixonado pela tarefa de favorecer o desabrochar, como quem permite que aquilo que estava escondidinho no miolo da flor vá se apresentando, se expondo, venha para fora, se revele. Essa é a paixão da autoridade, fundamental para o professor. Quando essa paixão se deteriora, ela passa a ser a paixão pelo exercício do poder. Hannah Arendt, em *Entre o passado e o futuro*, diz que havia um ditado romano: *"Cum potestas in populo auctoritas in senatu sit"*.[3] Enquanto o poder reside no povo, a autoridade repousa no Senado. Isto é, o Senado devia mostrar e o povo decidir. A decisão pede que a autoridade mostre, possibilite o ver, o enxergar. No entanto, a autoridade não é o exercício do poder, ela é a propedêutica do poder.

    A outra paixão do professor é pela cultura. Mas aqui estou usando a palavra cultura com a conotação relativa a cultivar, como

---

3 ARENDT, Hannah. *Entre o passado e o futuro*. São Paulo: Editora Perspectiva, 1979, p. 164.

faz o jardineiro apaixonado por seu jardim, encantado com o desabrochar das flores. É o prazer enorme de saborear a estética do desdobrar-se da vida. Neste momento, lembro-me da peça *Morte e vida severina*, de João Cabral de Melo Neto, musicada por Chico Buarque, sucesso no teatro da PUC-SP e em Paris, em 1968. Era uma peça comovente e, quando terminava, ali estava o encantamento dos espectadores diante do que era mostrado: a possibilidade do desdobramento da vida, a vida desdobrando a si mesma, o fio da vida desdobrando o próprio fio. Era o encantamento ao ver que a vida pode brotar e acontecer na mais radical improbabilidade. Isso é capaz de inspirar uma paixão extraordinária. De certo modo, é semelhante ao que acontece quando a criança planta um grão de feijão num pedaço de algodão molhado e fica esperando que ele nasça, que ele cresça. Ela vai todos os dias até o pedaço de algodão olhar. E como demora! Mas, quando surge a folhinha, é a maior alegria. Pessoas que descobrem a paixão pelo desvelamento da vida podem vir a ser bons professores.

Mas o bom professor é também apaixonado pela cultura no sentido de conhecimento: é o encantamento por um tipo de assunto, por um certo tema. É o que faz com que um professor seja bom em história e não em química, por exemplo, e outro seja professor de física e não de filosofia. Ele se encanta com uma certa área do conhecimento, com uma certa construção do conhecimento que chamo de estética do saber. Ele compreende a relevância desse legado que, ao longo da história da humanidade, se acumula geração após geração, formando o conjunto dos elementos que compõem as diferentes áreas do conhecimento. Para aquele professor, uma determinada área é especialmente reveladora, motivadora e atraente. Ele percebe que, para ele, aquele conhecimento é fundamental para ampliar suas oportunidades de estar em relação com as pessoas, com as coisas, com o mundo em geral onde ele vive, do qual ele se sente participante.

Até aqui, falamos do contexto circunstancial que cerca o trabalho do professor. Podemos agora nos aproximar do que constitui essencialmente esse trabalho, do que lhe serve de fundamento, de ponto de apoio. O trabalho do professor é uma profissão que exige um grau de envolvimento muito grande. Mas, pensando bem, que profissão é essa do professor? Nesse ponto, o que me ocorre é o seguinte: a profissão do professor aponta essencialmente para o ato de professar. E o que significa professar? Professar inclui dois movimentos essenciais: compreender e comprometer-se. Compreender, nesse caso, não significa entender. Significa aquilo que queremos dizer quando falamos: quantos litros de água compreende esta garrafa? Significa abarcar. E abarcar quer dizer acolher e conter. Então, compreender é, fundamentalmente, acolher e conter. E o que é comprometer-se? Essa palavra remete-nos à ideia de promessa, que, por sua vez, envolve sempre parceria. Em *A condição humana*, Hannah Arendt diz que a promessa é a condição que os homens criaram para suportar a imprevisibilidade do futuro, o qual "decorre ao mesmo tempo da 'treva do coração humano', ou seja, da inconfiabilidade fundamental dos homens, que jamais podem garantir hoje quem serão amanhã, e da impossibilidade de se prever as consequências de um ato numa comunidade de iguais, onde todos têm a mesma capacidade de agir".[4]

E, quando existem promessas recíprocas, existe o compromisso, há uma parceria na promessa, há um comprometimento. O compromisso não é só entre pessoas que se comprometem reciprocamente. O compromisso é também com as coisas, com o mundo. Comprometer-se é a parceria no movimento de lançar-se numa situação que é imprevisível. Então, surge para nós a pergunta. No caso do professor, professar significa compreender e comprometer-se com o quê?

---

4 ARENDT, Hannah. *A condição humana*. Rio de Janeiro: Editora Forense Universitária, 1993, p. 255-256.

Penso que significa compreender, no sentido de acolher, e comprometer-se com quatro coisas muito importantes: com o modo de ser dos homens; com a realização própria; com o aluno em sua condição de recém-chegado, isto é, como aquele que pertence à geração que está chegando, à qual um legado cultural deve ser entregue; e com a paixão pelo conhecer, enquanto ato de descobrir.

O professor compreende e se compromete com o modo de ser dos homens. Para falar sobre isso, trago de novo uma ideia de Hannah Arendt sobre a educação. É porque os homens nascem, morrem e as gerações se sucedem, porque a natalidade é permanente e os novos estão sempre chegando ao mundo, que é preciso passar o legado ou a herança de uma geração para outra. É nisso que se fundamenta a educação. Efetivar a transmissão desse legado é uma função essencial da tarefa do professor. É ele que faz a entrega dessa herança. E podemos acrescentar também que essa questão de nascer e morrer não se refere apenas ao nascer e ao morrer concretos. Acontece o mesmo com os sonhos. Os sonhos dos homens também nascem e morrem. E, assim como os novos homens continuam chegando, os novos sonhos dos homens continuam a nascer e renascer. Há sempre um ressurgimento. Nisso consiste a *humanitas* do homem: essa capacidade de permanentemente nascer, morrer e renascer. Talvez por isso os grandes mitos que dizem respeito a nascimento, morte e renascimento, desde as celebrações dos mistérios de Elêusis, na Grécia antiga, até o Cristianismo, nos tempos modernos, encontraram sempre um vigor extraordinário. E a função basilar do professor é compreender e comprometer-se com a tarefa envolvida nesses nascimentos, mortes e renascimentos permanentes, que fazem com que os homens não sejam coisas, mas sim histórias. Histórias que vão acontecendo e que, enquanto estão acontecendo, se consumam enquanto se consomem. O professor se compromete a acolher esse modo de ser dos homens, que se caracteriza pelo fato de eles serem gestadores de sonhos, paridores de sonhos, e de precisarem introduzir no real aquilo que foi gerado e parido como sonho.

O professor compreende e se compromete com a sua realização própria. Trabalhar com a educação não significa ser altruísta. Esse é um trabalho que tem muito em comum com a realização pessoal. O professor vai para a escola, porque exercer o papel de professor é algo que o realiza. A máxima cristã, que vem da tradição hebraica, diz para amar o próximo como a si mesmo. Assim, amar a si mesmo é condição para amar o próximo. O professor que não está preocupado em se realizar em seu trabalho com a educação deveria procurar outra coisa para fazer, porque realizar-se é compromisso de todo ser humano. Quando o professor se sente realizado em sua profissão, esse egoísmo, que o leva a procurar fazer aquilo de que ele gosta, aquilo que dá sentido à sua vida, não interfere no altruísmo do cuidado. Ao contrário, é quando melhor ele consegue ensinar; é quando, pelo seu exemplo — e o exemplo é fundamental —, ele mostra para os alunos o quanto é bom e necessário que eles também se dediquem ao que for importante na vida deles, ao sonho deles, que eles cuidem da própria realização. Sentir que seu trabalho é algo que o realiza é importante também porque esse é um fator que o leva a estar mais inteiro, mais íntegro no exercício de sua atividade. Essa integridade fortalece a figura do professor diante dos alunos, porque crianças e adolescentes têm muita necessidade de se relacionar com pessoas que eles percebem que estão inteiras, que não estão cindidas. O professor está inteiro quando pode dizer: "Eu estou aqui, em primeiro lugar, porque isto me realiza como pessoa, como ser humano, como membro da sociedade, me realiza porque corresponde às minhas potencialidades". Enfim, sentir que seu trabalho corresponde à sua realização própria é importante, porque isso o faz trabalhar com prazer. E, quando o aluno percebe o prazer que o professor tem ao lidar com certo assunto quando está ensinando algo, ele vê que ali deve haver alguma coisa interessante que pode ser prazerosa. Aliás, essa é mesmo a principal arma da propaganda: mostrar como as pessoas têm prazer em beber um determinado refrigerante, em usar um certo tênis. Lembro-me do meu professor de matemática no Colégio Santa Cruz. Quando terminava a demonstração de um teorema, ele chegava a chorar, ele se emocionava com a experiência estética daquilo e dizia: "Mas é lindo!". Eu pensava, então, que ali tinha de haver uma coisa muito importante, muito bonita, e começava a procurar o que podia ser, eu também queria ver o que ele via.

O compromisso do professor diz respeito também ao acolhimento do aluno em sua condição de recém-chegado, aquele que pertence à geração para a qual um legado deve ser entregue, aquele para quem deve ser mostrado como é bom o prazer das descobertas. O aluno é aquele que, por estar chegando, não sabe. Ele precisa descobrir que não sabe e que não saber não é vergonha, não é perda; não saber é ganho, é o ganho mais fundamental para chegar a saber alguma coisa.

E a profissão do professor significa também compreender e comprometer-se com a experiência de poder abrir um lugar para o seu próprio não saber, de estar pronto para descobrir, de ser mais interessado pelo conhecer, como verbo, do que pelo conhecimento, como substantivo. Dizem que, tal como o dinheiro, quanto mais conhecimento, melhor. Dizem também que o conhecimento não ocupa lugar. Mas uma vez um amigo comentou comigo que o conhecimento ocupa lugar, sim, que ele ocupa o único lugar que temos para conhecer. O conhecimento pode obstruir o conhecer, porque o ato de conhecer é o ato de descobrir e, para descobrir, é preciso que haja o não conhecido, o não sabido. O prazer do ato de conhecer está só no trânsito, enquanto saímos do não saber para o saber; é nesse trânsito que o conhecimento tem vigor. Aliás, a vivência do prazer humano está sempre na passagem; por isso, o prazer é sempre precário. A paixão não é pelo conhecimento. A paixão é pelo conhecer. Não é o conhecimento que é prazeroso, prazeroso é o ato de conhecer. E, por isso, para haver essa passagem do não conhecido para o conhecido, para descobrir, é preciso que haja uma ausência de conhecimento que permita o passo para o ato de conhecer, o prazer de transitar do desconhecido para o conhecido. É preciso sempre que haja o encoberto.

Em seu livro *Experiência do nada como princípio do mundo*, Guy Van de Beuque fala poeticamente sobre o encoberto: "Porque ser significa emergir, sair do oculto, é que lhe pertence essencialmente o encobrimento de sua proveniência. Como 'sair do encobrimento', o ser é o 'sair' e o 'encobrimento' de onde emerge. O encobrimento não lhe é algo exterior, mas constitutivo do aparecimento. O brotar é sempre um desvelar-se, um vir à tona através da profundeza de si mesmo — o oculto, o invisível é a partir de onde o surgir encontra a visibilidade de seu aparecimento".[5]

E ele continua: "*O que temos em mente quando dizemos pôr do sol?* De imediato, pensamos nas cores inebriantes que um belo pôr do sol contém. Nesse sentido, o sol põe para fora (no mesmo sentido em que uma galinha põe ou bota seus ovos) sua luz esplendorosa. Em seguida, pensamos que o sol está *se pondo em seu leito,* "re-colhendo-se" na noite. Aqui, pôr tem o sentido de repousar, e reconhecemos que o lugar do sol, onde ele se põe, é no abrigo da noite — jamais diremos que o sol se pôs querendo significar que se pôs-no-céu, brilhando em sua plena luminosidade. Para a língua portuguesa, o verdadeiro lugar do sol não é no alto do céu, no descarado brilho sem sombra do meio-dia. O lugar do sol é na noite, no horizonte onde se põe — no

---

5 VAN DE BEUQUE, Guy. *Experiência do nada como princípio do mundo*. Rio de Janeiro: Mauad Editora, 2004, p. 79 e seguintes.

resguardo e na proteção de sua luz. É no escuro da noite que o sol se põe, recolhendo sua luz e guardando seu fulgor".[6]

Estamos aqui usando como metáfora o movimento do sol em direção ao encobrimento. Queremos realçar com ela a importância do nosso movimento em direção ao que está encoberto, ao que não está claro, ao não sabido, ao não conhecido. É o movimento que nos tira da comodidade daquele ficar parado no já-sabido, no já-pensado, no "é assim porque eu já sei, já estudei isso". É só a partir daí que é possível recuperar sempre a liberdade de transitar rumo ao conhecer.

Isso é parte da paixão do professor, pertence à sua profissão. E é algo que deve estar presente concretamente no seu dia a dia na escola. Voltar à condição de não saber é importante para recuperar o entusiasmo ao preparar uma aula, para retomar o encanto pela construção do conhecimento, para exercitar a criatividade na escolha de textos, no uso de exemplos. O movimento de recuperar o não conhecido, o encoberto, diz respeito também ao ir ao encontro da realidade dos alunos, a realidade do não saber, para que eles compartilhem com o professor, por um instante, essa condição do encobrimento a partir do qual o descobrir torna-se possível. Professor e alunos poderão, assim, juntos, partejar o conhecimento. Poderão transformar o substantivo conhecimento no verbo conhecer.

Então, diante da pergunta — o professor professa, ou seja, ele compreende e se compromete com o quê? —, podemos dizer que, essencialmente, o professor se dedica a acolher e a comprometer-se com a transmissão do legado que cada geração deixa para a seguinte. E desse legado faz parte, muito especialmente, uma compreensão de quem é o ser humano, de seu modo de ser, que o caracteriza como

---

6 Idem.

aquele que, não se limitando ao real, adentra o possível, gesta sonhos e procura trazê-los para o real, realizando-os, consumando, assim, sua história e a história do mundo. Nessa mesma perspectiva, ele, a quem cabe essa tarefa de passar o legado, acolhe e se compromete com a busca da realização das suas próprias potencialidades, bem como daquelas do aluno, como aquele que pertence à geração que está chegando. E, enfim, ele acolhe e se compromete não só com a transmissão de um conhecimento já pronto, mas com a valorização do próprio ato de conhecer, esse conhecer que implica um movimento que leva a poder aproximar-se do que está no encobrimento.

quatro
CORPOREIDADE

O ponto de vista filosófico que concebe uma separação entre sujeito e objeto de conhecimento, os quais, só num segundo momento, entrariam em relação no ato humano de conhecer, tem sido predominante há um tempo. Partindo daí, vigora um modo de pensar que separa, de um lado, algo que se pode chamar de mente ou psiquismo, que, por pertencer ao sujeito, é interno, subjetivo, e, de outro lado, algo que é externo, a realidade objetiva.

Essa concepção assenta-se sobre o modelo dualista proposto por Descartes, segundo o qual existem basicamente duas substâncias, que são a *res cogitans*, a substância pensante, e a *res extensa*, isto é, a matéria, que inclui tudo o mais afora o pensamento, mesmo o corpo do homem. Assim, há a substância pensante, a subjetiva, e há a substância extensa, o mundo da objetividade, esse que pode ser medido, quantificado. A partir de Descartes, a fim de compreender como duas instâncias, a interna e a externa, entram em contato, ou seja, como é possível que se dê o conhecimento do mundo, desenvolvem-se as teorias racionalistas e as empiristas, umas privilegiando a razão e as outras, a realidade externa, que afeta anteriormente os órgãos dos sentidos.

Isso a que estamos nos referindo, isto é, o modo dualista de pensar, que separa algo interno, a mente, da realidade externa, não é uma questão de ordem abstrata de interesse apenas dos filósofos. Importa-nos saber que é esse pressuposto subjacente ao pensamento moderno que serviu de base para fundamentar as nossas ciências, mesmo as ciências humanas, incluindo a psicologia. Elas aceitam esse pressuposto como algo completamente óbvio, indiscutível: há um mundo aí fora, objetivo, cuja realidade não se contesta, que pode cada vez mais ser explicado pelas ciências objetivas, e há uma outra esfera chamada subjetividade, mente ou psiquismo, que é interna ao homem.

Vivemos há séculos instalados nesse modelo teórico que separa mente e mundo, ou seja, o psiquismo e a realidade externa. E esse mesmo pressuposto separa também mente e corpo, pois o corpo, nesse caso, pertence à realidade objetiva, ao mundo físico, químico, biológico, objetivo das ciências naturais.

Esse estado de coisas acabou por gerar, nos últimos anos, a necessidade do surgimento de algo como a psicossomática, que está aí para reaproximar corpo e mente, para tentar dizer como eles interagem, como se influenciam reciprocamente.

Entretanto, com o advento da fenomenologia, e especialmente do pensamento de Heidegger, a aceitação tácita do modelo cartesiano tornou-se passível de discussão. Rompido esse modelo, surge para nós uma nova possibilidade de pensar. Temos outro ponto de partida servindo de base para a nossa concepção de homem, de realidade, de mundo.

Embora o foco da preocupação de Heidegger não seja o ser humano, e sim uma filosofia voltada para a questão que indaga sobre o sentido do ser, ele se depara com a necessidade de perguntar que ente é esse para quem um tal tema é questão. É para o homem que o ser é questão. E é questão porque, quando se trata do homem, existir é, por princípio, já ser aberto para a compreensão do ser dos entes do mundo e do seu próprio ser. Essa compreensão não é uma faculdade, mas é o modo de ser fundamental do homem, cuja existência pode ser chamada de *ek-sistencia*, que significa "fora", para o aberto, ser a abertura, o lugar da manifestação de tudo o que há. A existência assim caracterizada é designada pelo termo Dasein, literalmente ser-aí. É para o Dasein, o ser-aí, que o ser dos entes se manifesta; ele é o descerrador de mundo, é o "aí" onde se dá o mundo. E seu modo originário de ser é ser-no-mundo.

Se Dasein é ser-no-mundo, ele já é sempre fora. Como falaríamos, então, de interno e externo? Ser-no-mundo é já ser junto às coisas, com os outros, e mundo é sempre mundo para o Dasein. Aqui não há mais como concebermos a necessidade de processos que poriam em contato algo interno, mente ou consciência, com algo externo, o mundo onde se encontrariam os objetos do conhecimento.

O modo de ser do Dasein é ontologicamente marcado por alguns caracteres fundamentais, constitutivos da existência, aos quais chamamos existenciais. Assim, por exemplo, a compreensão é um existencial, pois ela articula o Dasein com o mundo; nela se estrutura o poder-ser do Dasein, pois ela abre o campo do possível. Mas o poder-ser do Dasein é sempre dentro das possibilidades do mundo fático que é o seu, onde ele já se encontra desde o princípio jogado. Esse já "encontrar-se" sempre em um mundo é designado pelo termo disposição. Tanto quanto a compreensão é o discurso que articula a compreensibilidade dos significados. Espacialidade e temporalidade também são constitutivos da existência, são existenciais. Mas aqui queremos trazer como foco de nosso tema um outro existencial, ou seja, algo que também é constitutivo do Dasein, que também se mostra como um caráter fundamental, a corporeidade.

Da mesma forma como, ao nos referirmos à espacialidade e à temporalidade, não estamos meramente dizendo que a existência acontece num espaço e num tempo fisicamente concebidos, mas sim que Dasein "é" espacial, "é" temporal, ao falarmos da corporeidade, não estamos dizendo que Dasein tem um corpo, mas sim que ele "é" corporal. Significa que ser corporal é um modo de ser do Dasein. Dasein e seu corpo.

Tanto o dualismo mente-mundo quanto o dualismo mente-corpo rompem-se com as concepções de Dasein como ser-no mundo e de corporeidade como um existencial constitutivo da existência. Distanciamo-nos do pensamento cartesiano, em que o corpo do homem só pode ser concebido como pertencente à matéria, *res extensa*, totalmente distinta do pensamento, *res cogitans*. Corporeidade, considerada como um existencial, não é algo que o homem tem, ela é, antes, seu modo de ser.

Vejamos o que a palavra corporeidade, como um existencial, nos conta sobre o Dasein.

O que primeiro deve ser lembrado é que, embora digamos "a corporeidade", esta palavra não designa uma coisa. Ela significa uma qualidade, uma propriedade. Uma qualidade sempre diz respeito a algo. A corporeidade diz respeito ao corpo, ao ser corporal.

Mas precisamos tecer aqui uma consideração. Em geral, quando nos referimos ao corpo, pensamos no corpo que "temos"; assim, parece que temos um corpo como temos um objeto que nos pertence. Nessa perspectiva, um pianista tem as mãos maravilhosas que tocam o piano que ele tem. Entretanto, queremos dizer aqui que concebemos a corporeidade como algo que diz respeito ao corpo que "somos".

Fazer uma fenomenologia da corporeidade não é descrever o corpo, mas, de alguma forma, é buscar a qualidade de uma experiência que está intimamente relacionada com uma questão que envolve o corpo e envolve o mundo, ou seja, a corporeidade diz respeito tanto ao corpo quanto ao mundo.

O que justifica essa maneira de pensar sobre a corporeidade é o seguinte:

O mundo é o que é, para nós, humanos, porque somos este corpo que somos. Podemos compreender isso a partir de exemplos simples da visão de um objeto ou da audição de um determinado som. O objeto surge com características de forma, de cor, que são dele, objeto, mas que só podem ser percebidas como tais, ou seja, só são aquelas, porque há olhos humanos que as veem daquele jeito; há sons que só podem fazer parte do mundo em que vivemos porque ouvidos humanos os ouvem daquele jeito. Se nossos ouvidos fossem semelhantes aos do cão e nossos olhos semelhantes aos da aranha, o ouvido e o visto do mundo seriam outros.

E a corporeidade diz respeito ao mundo também pelo fato de que o ser corporal do Dasein implica que haja mundo em que entes se manifestem para esse Dasein, que é corporal. Assim, vemos e ouvimos porque há no mundo o que pode ser visto e ouvido.

Quanto a isso, Medard Boss cita um exemplo relativo à percepção. Um astronauta, num espaço totalmente vazio, de repente, se depara com um objeto, uns óculos, suponhamos. Nesse momento, esse homem reconhece três informações: há um objeto, óculos; há uma luz que ilumina esse objeto; ele pode ver. Mas, se no momento seguinte o objeto desaparecer, como o homem vai saber se foi o objeto que sumiu, se foi a luz que se apagou ou se ele ficou cego? Se não supusermos nenhuma outra condição complementar, se tivermos apenas essa experiência para consideração, não há como responder. Porque ver um objeto supõe que haja olhos capazes de ver, objeto para ser visto e luz onde ele possa ser visto.

Esse exemplo mostra que o homem só sabe do que diz respeito ao seu corpo, ou seja, sabe da sua corporeidade, nesse caso, a sua possibilidade de ver, no contato com as coisas, quando ele as enxerga. Sabemos da experiência dos nossos olhos não quando os sentimos, mas quando, não os sentindo, enxergamos as coisas. Ao enxergar, a plenitude do olhar se faz presente no silêncio dos olhos. Pois, quando sentimos nossos olhos, não sentimos aquilo que constitui a essência deles, mas, sim, o que constitui o acidente, no sentido aristotélico, o ocasional dos olhos, que é o fato de eles poderem estar doentes, estar com algum problema.

A essência dos olhos se manifesta quando os entes se mostram em sua condição de visíveis. E, na experiência de enxergar, o sujeito, o objeto e a condição da manifestação são tão imbricados que não admitem separação.

Pensando na corporeidade como essa totalidade, vejamos mais detalhadamente como ela se caracteriza.

Em primeiro lugar, devemos explicitar do que estamos falando quando usamos a palavra corporeidade. Não estamos dizendo o óbvio, isto é, que os homens têm corpo. Não queremos simplesmente lembrar que há uma experiência subjetiva de corpo. Não estamos tampouco nos referindo à ideia de que o homem é um composto de psiquismo (mente) e corpo, e que há uma inter-relação entre essas duas instâncias. Concebemos que a existência humana, ou seja, o Dasein, que é o ser-aí, se estrutura de modo originário, essencial e faticamente como ser-no-mundo, e que a corporeidade é um existencial, é um caráter constitutivo da existência. Existir é "ser-corporalmente-no-mundo--junto-às-coisas-com-os-outros".

O ser corporal de Dasein é o existencial que, mais de perto, nos conta que existir é ao mesmo tempo indigência e potência de ser.

Dasein, por ser corporal, e por sua corporeidade ser exatamente como é, é um ente que muda e produz mudanças, e isso pode significar tanto indigência quanto potência. Já por princípio, ele não pode escolher ser ou não dessa forma, isso é, ser ou não sempre em mudança. Estar submetido a mudanças pressupõe não poder reter nada como posse, implica falta, carência, perda, todos os "ainda não posso", todos os "já não posso mais" — e isso significa indigência. Por aquelas mesmas razões, contudo, o poder mudar possibilita o crescimento, o desenvolvimento, os ganhos, todos os "agora já posso", todos os "posso cada vez mais" — e isso significa potência.

Se consideramos a corporeidade como um existencial, e se ser corporal implica indigência e potência, então Dasein, onticamente, deve ter experiências dessa natureza. Os seres humanos, concretamente, experienciam o que é carência e o que é potência.

Comecemos a pensar o que significa indigência.

A palavra indigência leva-nos a pensar na experiência da pequenez, no sentir-se pequeno tendo em vista alguma coisa. Quando digo "eu sou pequeno", não estou dizendo que meu corpo é pequeno; estou falando de algo que eu sou. O pequeno e o grande são experiências que vivo no meu corpo, e a pequenez do meu corpo me aponta a condição geral do ser pequeno. O sentir-se pequeno talvez comece na experiência infantil de se sentir fisicamente pequeno diante das pessoas grandes. Mas o sentimento da pequenez permanece como possibilidade o resto da vida, dependendo das circunstâncias, nas relações do homem consigo mesmo, com os outros, com as coisas, com Deus.

A experiência da pequenez está presente naquilo que designamos como impotência diante da vida, ou naqueles momentos em que sentimos que "esta tarefa é grande demais para mim". A pequenez não se manifesta apenas em relação a um espaço ocupado. O pequeno diz respeito também ao curto, no sentido de breve. Nessa perspectiva é que dizemos: a vida é curta, a vida é breve.

A corporeidade, sendo uma condição de indigência, traz também a experiência da necessidade. A necessidade tem uma forma característica de se relacionar com o tempo; ela tem urgência, é imediatista. A fome, a sede, o precisar se proteger do frio, não toleram muita espera. Não se trata de uma busca de prazer, embora este possa resultar da satisfação da necessidade, mas de um urgente precisar de algo fundamental para a preservação da existência. A necessidade não deixa liberdade para eu dizer "quero" ou "não quero". Ela diz "eu preciso".

Esse "eu preciso", que nasce numa condição corporal, se desdobra para as relações do homem com os outros, com as coisas.

A necessidade quer encurtar o tempo que a separa de sua satisfação. Pode acontecer que a satisfação precise e possa ser adiada. Mas apenas adiada. O que está inscrito na vida humana com o caráter de necessidade para a sua preservação não pode ser eliminado.

Mas exatamente a supressão da vida também está inscrita no processo da vida, e, por isso, a morte não pode ser eliminada. Neste ponto, costumo dizer que, embora os médicos pensem em salvar a vida, na verdade, não é a vida que eles salvam, mas é a morte que eles adiam. O que é salvo é o tempo. A questão é que não é pouca coisa salvar o tempo. Salvar o tempo não é salvar horas, dias, anos; é salvar aquela condição em que os homens podem dizer: agora é tempo de plantar, agora é tempo de colher; agora é tempo de trabalhar, agora é tempo de descansar; agora é tempo de amar, agora é tempo de cuidar..., ou seja, de certo modo, o tempo que os médicos salvam é tudo, pois o tempo é tudo. Todo o trabalho dos médicos e dos profissionais da saúde é permitir que o tempo se alongue.

Dissemos anteriormente que a necessidade não pode ser eliminada. A expressão "matar a fome", por exemplo, é uma figura de linguagem. Seria terrível se alguém pudesse, de fato, matar a fome. Na anorexia há algo que vai nessa direção: o anorético vive como se quisesse "acabar" com a fome; ele não quer sentir a precariedade da existência, que se revela no "ter fome", no precisar comer.

Outro fato que diz respeito à indigência é a limitação. É o não poder tudo. E a experiência da limitação surge, num primeiro momento, muito ligada à corporeidade, pois o corpo tem seus limites muito bem configurados. A criança estica seu braço para pegar algo a uma certa distância e vê que não alcança; ela sente seu limite e procura outros meios de conseguir o que quer. Uma pessoa se dá conta, por exemplo, de que não aguenta ficar sem dormir mais do que um determinado tempo; ela tem um limite para isso.

A corporeidade evidencia a experiência de precisar sujeitar-se e limitar-se ao que é possível aos humanos. Assim, por exemplo: os homens constroem aviões, mas eles mesmos, os homens, não voam.

A experiência da limitação surge em todos os âmbitos da vida. Nós somos, em nossa essência, limitados. A limitação pode aparecer como falta de liberdade, como um aprisionamento, pois confundimos muitas vezes liberdade com poder tudo. Mas liberdade não significa poder tudo, pois o poder escolher alguma coisa supõe renunciar a outras.

A limitação, que é aquilo que nos impede, aquilo que sentimos como fraqueza, curiosamente, é o que nos dá identidade. Só o que tem limite pode ter sua identidade configurada. E é exatamente da experiência da fraqueza associada à limitação que brotam a força e o anseio de absoluto. Lembro-me dos versos de Fernando Pessoa, em *Tabacaria*:

Não sou nada.

Nunca serei nada.

Não posso querer ser nada.

"À parte isso, tenho em mim todos os sonhos do mundo."[1]

A indigência se mostra também naquilo que sentimos quando dizemos que algo está pesado para nós. Sermos corpo nos permite saber, desde crianças, que as coisas têm um peso. E a experiência do peso não acontece só com as coisas fisicamente concretas. As condições existenciais são impostas ao Dasein de um modo fundamental, e essa

---

1 PESSOA, Fernando. *Obra poética*. Rio de Janeiro: Companhia José Aguiar Editora, 1969, p. 362.

imposição aparece como alguma coisa que precisa ser suportada. O precisar suportar tem o caráter do peso: o peso de ter de suportar a imposição dos limites, das necessidades, das transformações que nunca param, dos acontecimentos indesejáveis, e isso em todos os aspectos da existência. A existência pesa.

Quando o peso só é sentido como aprisionador, como impeditivo, existir se torna extremamente difícil. Esquecemos que peso também é algo que confere equilíbrio. Por exemplo, um navio precisa de lastro, isto é, de um peso em seus porões para se manter em equilíbrio e navegar. O poder andar supõe que haja peso e atrito dos pés sobre uma superfície. Em outras dimensões existenciais também está presente algo equivalente a isso; a sensação do peso, da resistência, pode ser aquilo que possibilita o equilíbrio, o movimento em novas direções.

Ao considerar a anorexia, penso que o problema do anoréxico não é simplesmente querer se libertar do peso do corpo. Não é essa a questão. Ele só consegue ver o peso como o que limita, agarra, impede, aprisiona e deprime. Existir pesando trinta quilos pode então significar algo insuportável. Ele precisa se livrar do peso da existência, do peso que significa ter de se curvar a uma necessidade, precisa ter domínio sobre ela, matar a necessidade de comer. Ele se volta contra o corpo, sem perceber que gostaria é de alterar a corporeidade e suas imposições. Mas a corporeidade não pode ser mudada, a não ser a um preço terrível, a morte.

Se conseguirmos que o anoréxico possa ver o peso como possibilitador do equilíbrio, ou seja, que ele veja que o que pesa na existência pode ser o que possibilita "andar", ir além, talvez isso possa ser mais libertador para ele do que tentar convencê-lo a se submeter às necessidades de seu corpo, pois é exatamente a experiência da submissão que ele não quer ter, é o que aí está comprometido. Há um importante trabalho de Binswanger referente a esse tema, *O caso de Ellen West*.

A indigência é também extremamente marcada pela experiência da dor. A dor é uma sensação indizível que se inaugura colada à condição corporal. A possibilidade de sentir dor é acompanhada de medo, o medo da dor. A dor não se limita ao corpo, ela pertence à existência. Quando a dor chega, ela surge como algo sem sentido, que não leva a nada. Traz a sensação de vazio, de falta. Mas, por isso mesmo, ela pode se transformar num fator motivacional que nos lança no movimento de sua superação. A forma mais evidente de superação é a eliminação da dor. Mas ela nem sempre pode ser eliminada, e, às vezes, nem mesmo diminuída.

Em certas situações, a dor ganha características diferentes quando é preenchida pela presença de um sentido. Torna-se maior a força de alguém para resistir a uma dor inevitável quando o ter de suportá-la é condição para que algo importante, muito significativo, se mantenha ou seja alcançado.

Muitas dores resultam de condições inerentes ao organismo, por exemplo, as doenças, ou então são devidas a acidentes de vários tipos. Mas há as dores que seres humanos impõem a outros seres humanos. A situação de tortura é aquela em que a dor é produzida como instrumento de dominação, de vingança, de destruição. Essa situação apoia-se exatamente na condição de indigência do homem, que não pode fugir de sua condição corporal e que, por isso, fica disponível para o torturador.

O risco que o torturador corre é um só: o de que o sentido que perpassa a existência do torturado seja de tal modo grande e importante que possibilite a ele suportar a dor. Nesse caso, complica-se a vida do torturador. Porque o torturador faz com o outro tudo o que ele, o torturador, não suportaria. Se o torturado suporta, surge para o torturador a perplexidade: como é possível? Aquilo que sustenta o torturado é estranho para o torturador. Aí levanta-se a questão sobre o que caracteriza o humano, a questão da dignidade. Quem ali tem mais dignidade? Alguns torturadores psicotizam. Outros preferem assumir algo que, para eles, é um fracasso, ou seja, deixar morrer o torturado. Eles sabem que não devem permitir que o torturado morra, pois, se morrer, ele escapa, ele transcende o torturador; ele deixa sua condição corporal, que o tornava disponível. Alguns torturadores favorecem a morte do torturado, porque sua presença se tornou tortura para o torturador.

A tortura mostra, de forma assustadora para nós, como um homem pode fazer uso da dor imposta a outro homem como meio de conseguir algo e revela a extrema indigência humana que consiste em estar exposto e abandonado diante do outro.

A perspectiva da indigência que se mostra no estar exposto e abandonado alcança seu ápice na situação do estupro: o corpo de alguém pode ser, sem seu consentimento, possuído sexualmente pelo outro, numa invasão radical da privacidade.

O corpo assim invadido é a existência invadida. Isso porque, embora a corporeidade seja aquela dimensão existencial que mais nos atesta nossa permanente exposição ao outro, ela é, enquanto diz respeito exatamente àquele particular corpo que somos, o existencial que nos fala de algo, o nosso corpo, que é aquilo que mais de perto cada um de nós experiencia como privado e particular, como sendo seu — como sendo eu. Ter o corpo invadido é ter a privacidade da existência profundamente invadida.

Além da dor, da vergonha e da opressão, pode haver a suspeita de que o estuprado, de alguma forma, em algum momento, possa ter tido alguma parcela de prazer na situação; poderia mesmo nem ser prazer, mas uma perda de resistência, alguma forma sutil de anuência, de concordância. Isso poderia significar, em termos da própria vivência ou do julgamento de outros, que o estuprado deixaria a condição de vítima e passaria a ser considerado colaborador, cúmplice da invasão de sua intimidade existencial e, por isso, culpado.

Suportar isso pode chegar a ser mais difícil que a própria situação física do estupro. Qualquer assalto tem sempre caráter invasivo, pois é no mínimo uma invasão de autonomia, de bens, de privacidade, que pode chegar à violência corporal e, mais especificamente, sexual. Por isso mesmo, o medo de assalto acha-se comumente muito ligado ao medo de estupro.

A corporeidade impõe ao Dasein o não poder deixar de ser visível, e essa condição, que é primariamente uma experiência corporal, perpassa toda a existência. O não poder se ocultar indica uma modalidade de indigência que consiste em estar sempre exposto ao olhar do outro. Estar exposto — e isso pode querer dizer estar à mercê do domínio, do controle do outro — é uma dimensão da existência, e isso não diz respeito apenas ao corpo. A existência é exposta à compreensão e à interpretação do outro: o outro pode pensar o que quiser a meu respeito. É essa a ideia que está presente na peça de Sartre, *Entre quatro paredes*, quando um personagem diz: "O inferno ... são os outros".[2]

E, por fim, a indigência se revela também no declínio e na velhice. O Dasein está sempre vindo-a-ser, e não pode escolher ser ou não desse modo. Isso significa estar constantemente submetido a um processo de mudança. Miguel Perosa, em seu livro *Descobrindo a si mesmo*, fala do momento em que o jovem se percebe como alguém que sempre vai estar-sendo.

A corporeidade acarreta mudanças que ora querem dizer crescimento, ganho e desenvolvimento, ora querem dizer diminuição, perda e declínio. É a necessidade de estar sempre nesse fluxo de transformações, não importa se desejadas ou não. Dia a dia o corpo da criança

---

2   SARTRE, Jean-Paul. *Entre quatro paredes*. São Paulo: Abril S.A. Cultural e Industrial, 1977.

e do jovem vai se modificando: ganha em tamanho, força, aptidões. A corporeidade desse Dasein passa por intensas transformações de vários tipos, como o progresso de funções cerebrais, as mudanças endócrinas, enfim, passa pelo amadurecimento de várias funções, o que faz daquela criança o adulto em que ela se transforma, com suas possibilidades existenciais mais plenas. E assim vai decorrendo aquela vida, mas, em algum momento, algumas vezes com surpresa, o adulto se dá conta de que algo mudou — Ora, estou me cansando mais facilmente... O que faz esta ruga aqui...? Tenho me esquecido de alguns nomes... É a impossibilidade de parar as transformações. É o declínio em direção à velhice. Envelhecimento e declínio expressam esse "sem parada" do Dasein.

O declínio se expressa de outras formas também, não só com a chegada da velhice. São muitas as possibilidades de alguém ser afetado por condições capazes de levar à perda do vigor, à limitação ou até mesmo à perda total de algumas capacidades, seja por doenças, seja acidentalmente.

O declínio da corporeidade se manifesta de forma drástica e irreversível na morte.

Dissemos no início que o existencial corporeidade é aquele que mais de perto nos mostra que existir é indigência e potência. Nós nos detivemos até aqui na consideração do que se refere à indigência. Mas Dasein é também potência de ser, e aí também está a corporeidade.

A potência de ser se expressa a partir de um "poder fazer". Todo o nosso fazer brota da corporeidade. Esse poder fazer é tão fundamental que, para Heidegger, Dasein se constitui como ação antes de qualquer possibilidade de compreensão teórica de si mesmo e de mundo, a partir do manuseio ou do lidar com os entes que se manifestam para ele como utensílios.

A necessidade fundamental da corporeidade como base para todo o fazer humano é bem representada no filme de Wim Wenders, de 1993, *Tão longe, tão perto!* Um anjo que sabe dos pensamentos humanos e admira a beleza da condição humana, num certo momento, vê que uma criança vai cair da varanda de um prédio e deseja salvá-la. Para poder impedir a sua queda, para poder segurá-la, ele se encarna, torna-se homem.

Não só o fazer coisas concretas, mas todo o realizar humano passa pela corporeidade.

A linguagem, por exemplo, a grande realização humana que permite que significados sejam desdobrados e compartilhados, que permite ao Dasein fazer história e não se limitar ao agora, sustenta-se também na corporeidade. Ela é articulada na fala, que introduz o homem no âmbito da palavra. E signos são sons produzidos por um determinado ente, cuja corporeidade possibilita que ele fale. Ou seja, o ser corporal do Dasein é de tal modo que torna possível para ele o ato da fala, o comportamento verbal. E isso faz com que o homem possa ir além das coisas presentemente reais e penetrar na região das possibilidades. Nisso também encontramos a corporeidade do Dasein como uma das bases de sustentação da sua potência de ser.

E a linguagem, oral ou escrita, não é a única maneira de compartilhar e ir além do real. Dasein expressa para os outros sua compreensão do mundo por meio da música, da dança, da pintura, das artes em geral. E isso tudo supõe seu modo de ser corporal, que possibilita que essas atividades sejam executadas e possam ser vistas, ouvidas, compreendidas por alguém. Assim, a corporeidade também está na origem da possibilidade de que, por meio da arte, o homem seja capaz de ampliar a sua apreensão de significados e possa transmiti-los aos outros, para muito além da presença real das coisas num certo momento.

O poder ter prazer também é expressão da potência de ser, e a corporeidade encontra-se na sua base.

Ser sujeito ao caráter de imposição das necessidades significa indigência, mas o fato de ter uma necessidade satisfeita possibilita uma experiência prazerosa. O prazer só é possível onde existe, de alguma forma, algum tipo de carência, de falta. A satisfação da necessidade é vivida como alívio que traz bem-estar, que traz prazer. O prazer, tanto quanto a dor, primariamente é experienciado no corpo: o prazer do alimento, da água, do aquecimento, quando estão em jogo a fome, a sede, o frio.

A satisfação da necessidade sexual é sentida como alívio de uma tensão. Mas a sexualidade pode ser muito mais que isso. A satisfação sexual pode ser a vivência da forma mais intensa de manifestação do prazer: uma experiência de plenitude que se realiza corporalmente.

A plenitude do prazer sexual tem um alcance existencial muito mais amplo, pois ela acontece numa perspectiva que envolve complementação, se realiza na dimensão do ser-com-o-outro.

A condição de ser-no-mundo-corporalmente-com-os-outros se caracteriza também por uma necessidade do contato físico com o outro — não necessariamente sexual —, sob a forma de carinho. Precisamos da expressão sensível do afeto. Afeto é carinho; carinho que, ao faltar, leva um bebê à morte, mesmo que ele tenha todas as suas necessidades biológicas saciadas. Situações desse tipo foram muito bem descritas por Spitz.

Na sua raiz, o poder manifestar as emoções nas relações interpessoais nasce no toque do corpo, porque este é primariamente a região da experiência do prazer, uma experiência tão difícil de ser descrita quanto a experiência da dor.

Mas a potência de ser do Dasein, sustentada na corporeidade, também se realiza sob a forma de prazer que chamamos de prazer dos sentidos. É o que se dá quando apreendemos o belo. É o prazer que aparece no contato com as coisas do mundo que se mostram na sua beleza, seja a beleza que provém de algumas circunstâncias naturais, seja a beleza produzida por outros homens, como a obra de arte. O prazer dos sentidos é a proximidade do belo: este não pertence ao homem e não pertence à coisa. O belo pertence à manifestação do ente na presença do homem.

Assim, aquilo que compreendemos do mundo, a manifestação dos entes para nós, humanos, o que nos chega por um toque carinhoso ou pelo prazer dos sentidos na apreensão da beleza, tudo isso nos traz também a referência da corporeidade. Por isso, dizemos que a corporeidade não diz respeito só ao corpo ou só ao si mesmo; ela implica mundo, diz respeito à manifestação dos entes.

Compreendemos que a corporeidade não é o meu corpo. É aquilo que possibilita que os entes do mundo se manifestem do modo como se manifestam. As cores de um pôr do sol só são aquelas que vemos porque as vemos com os nossos olhos. Se tivéssemos acesso à radiação ultravioleta ou à radiação infravermelha, veríamos um mundo diferente. As cores do céu e da mata, o barulho do vento, o perfume das flores são corporeidade.

As cores, as formas, os sons, os gostos, os cheiros, o áspero, o macio das coisas pertencem tanto aos objetos quanto aos meus sentidos, aos meus processos cerebrais, que são como são; e tudo isso, então, não está nem nos objetos nem em mim. Não é nem "objetivo" nem "subjetivo", não está nem no "externo" nem no "interno". Tudo isso pertence à minha condição de Dasein, ser-aí, de existir, *ek-sistir*, como a clareira para a manifestação da presença dos entes nesse modo como eles se apresentam, para um Dasein, cujo modo de ser é ser corporal.

Chegamos, com isso, à ideia, de certa forma surpreendente, de que a corporeidade não é apenas algo que permite ao homem se reconhecer em sua indigência e em seu poder-ser. Ela é também o que sustenta a manifestação dos entes.

Por isso, talvez, o mais assustador na perspectiva do morrer esteja na perplexidade com que apreendemos o que poderá ocorrer com a nossa corporeidade. Temos certeza de que nosso corpo se desfaz. E o espírito tem alguma autonomia em relação a isso? E se tiver autonomia, mas sofrer uma modificação radical como aquela que o corpo sofre, como podemos imaginar a experiência desse espírito? Nós só compreendemos a presença dos entes do mundo na nossa corporeidade. Se a morte altera isso, não poderemos conceber como tal alteração acontecerá.

Descrições paranormais, modelos míticos e religiosos, posições filosóficas que admitem outras possíveis dimensões de experiência após a morte, ao pensarem essa experiência ainda o fazem mantendo, em algum nível, uma referência à corporeidade que conhecemos. Daí as expressões: corpo astral, corpo glorioso, corpo mental, corpo cósmico. Se essas possibilidades existirem, elas certamente carregarão consigo a nossa corporeidade, mesmo que esta transcenda a condição do corpo físico, em que nossa corporeidade se inicia, mas a partir da qual ela se torna muito mais abrangente do que o nosso próprio corpo.

cinco
EXISTÊNCIA E PERDA

A existência é acompanhada por transformações constantes, muitas das quais nós mal percebemos, porque vêm aos poucos; outras são repentinas, inesperadas. Tudo em nós é sujeito a mudanças: nosso corpo, nossas relações com os outros, nossas condições de vida em geral. São mudanças que tanto podem ser aquelas que representam um desenvolvimento quanto aquelas que significam perda. Poder sofrer perdas pertence à condição da existência, que se caracteriza pela fragilidade, pelo poder ser atingida por acontecimentos de todos os tipos.

Aqui falaremos, antes de tudo, de mudanças que significam perdas, especialmente aquelas que afetam diretamente o corpo: amputações, perda de funções, de habilidades, da qualidade de um desempenho.

Perdas podem ser das mais leves até as mais radicais, irreversíveis. Todas elas, porém, causam algum grau de sofrimento. Quem trabalha com a reabilitação de pessoas que estão vivendo um momento assim sabe disso.

Embora a possibilidade da perda seja comum aos seres vivos, embora uma árvore, por exemplo, possa perder as folhas, o seu vigor, tanto quanto um cachorro pode ter sua perna amputada, as perdas humanas são de uma outra natureza. Aquele cachorro sente dor, fica prejudicado em seus movimentos, muda algumas formas de comportamento. No caso do homem, porém, uma perda é interpretada por ele como algo que penetra em seu mundo de significados, transformando tudo. Ele avalia o impacto que a perda terá em sua vida.

Situações que envolvem, por exemplo, amputação de um membro, restrições funcionais sérias motivadas por traumatismos ou por doenças não se resumem a perdas objetivas. O corpo humano não é apenas o dado concreto, objeto da física, da química, da biologia. Ser corporal é o modo de ser dos homens. Assim, alterações drásticas em seu corpo são alterações drásticas em seu modo de ser-no-mundo. Elas implicam mudanças em suas relações consigo mesmo, com os outros, com as coisas. Certas mudanças corporais inviabilizam ou restringem, do ponto de vista prático, a execução dos atos que dizem respeito à realização daquilo que faz parte do caminho da pessoa em direção ao que dá sentido à sua vida. Ao dar-se conta disso, como ela poderá manter a mesma perspectiva de sentido?

Há uma relação estreita entre sentido da vida e perda. Detenhamo-nos um pouco e pensemos nisso. A peculiaridade da vida humana consiste em sua necessidade de procurar por um sentido, ou seja, algo pelo que se possa dizer que vale a pena trabalhar, investir esforço, viver. Encontrar um sentido é encontrar um para quê. É a partir dele e de acordo com ele que a pessoa vai definindo, vai escolhendo o que cabe fazer ou não, as suas ações, o seu caminho.

O sentido é fundamental para o viver. E, no entanto, ele se distingue de outras condições que também são essenciais para que a vida se mantenha, de outras necessidades básicas que precisam ser satisfeitas. A distinção consiste no fato de que o sentido é fundamental não só para o viver, mas também para o morrer humano, para o morrer com dignidade. Os homens são capazes de dispor da própria vida em determinadas situações, quando se sacrificam em vista de um ideal, de uma crença, sem que isso seja uma condição patológica, depressiva. Ao contrário, tais gestos configuram atitudes heroicas. O vigor de um ser humano para oferecer a vida por um ideal é o mesmo que ele tem para viver por esse ideal.

Mas também é possível que o sentido da vida de alguém se empobreça, e isso por muitos motivos. Quando isso acontece, as coisas perdem a graça. Ele continua fazendo tudo, trabalhando, distraindo-se e, como se diz, "vai levando". Outras vezes, acontece de o sentido de uma vida se apagar completamente, e o que se instala, então, é uma depressão profunda. A vida fica paralisada. Os que estão a seu lado percebem isso e podem querer ajudar, mas não conseguem, porque a pessoa se torna inatingível. Ela até sabe que é querida, mas não tem como se abrir para o afeto, como receber o amor, não tem o que fazer com o que chega, com o que a requisita de algum modo. Ela não tem interesse por nada, e, se houver uma pergunta, será apenas: para quê? Nesses casos, pode ser necessária uma intervenção terapêutica.

O sentido, isso pelo que vale a pena viver, o que dá a direção, se configura naquilo que chamamos de "meu sonho". O sentido da vida de alguém se articula com o que ele sonha para si mesmo e para o mundo.

Quando falamos do sonhar, isso pode parecer algo ligado a um certo romantismo ingênuo que, fugindo da realidade, procura um refúgio. Dá a impressão de um sentimentalismo sem objetividade. Mas não se trata disso. De fato, sentimentos estão presentes aqui, sim. São sentimentos que acompanham projetos como aquele de Martin Luther King, que chamou a atenção do mundo para as condições de vida dos negros do sul dos Estados Unidos. O discurso pronunciado por ele numa manifestação em 1963 ficou famoso por uma frase intensamente repetida, frase título desse discurso: "Eu tenho um sonho". Ao falar assim, ele estava expressando sentimentos, seu desejo, seu sonho de que, na realidade, o mundo fosse melhor, a convivência entre os homens se lançasse para além dos limites do preconceito. Seu sonho alimentava uma coragem amorosa, efetiva, e norteava suas ações. Em 1964, Luther King recebeu o Prêmio Nobel da Paz.

O sonhar tem também uma dimensão pragmática, objetiva. Porque têm a capacidade de sonhar, os seres humanos fixam objetivos. Traduzem o seu sonhar em objetivos e caminham em sua direção. É aquilo que se pretende atingir que vai indicar o caminho a ser seguido, os meios adequados. O empenho e a direção do agir nascem de um objetivo. O objetivo organiza as ações.

Às vezes dizemos para alguém: "Desejo que seus sonhos se realizem". O que queremos dizer com isso? Queremos dizer a ele que desejamos que sua vida seja plenamente realizada, porque, quando alguém luta por seus sonhos, é por sua vida, por sua identidade, por sua história que ele luta. A nossa identidade não é uma forma. Ela é a nossa história, e ela está sempre acontecendo articulada com nossos sonhos. Existem grandes sonhos, aqueles que dizem respeito à realização de um ideal, à luta por uma causa importante, à conquista de uma determinada profissão, a viver segundo uma crença, a viver um grande amor. São sonhos carregados de paixão.

E existem os pequenos sonhos que recheiam o nosso cotidiano: a viagem do próximo feriado, a festa que promete ser tão boa, a roupa nova que está fazendo falta, a nota boa numa prova, e assim por diante. São pequenos projetos. Mesmo esses pequenos sonhos, porém, se encadeiam com outros objetivos, se articulam num sentido maior.

Mas há sonhos que não se realizam, perdem-se. A perda de um desses pequenos sonhos traz frustração, irritação. Na procura de uma explicação do motivo pelo qual o desejado não deu certo, às vezes, a pessoa fica tentando achar o culpado pela sua perda.

Difícil mesmo, contudo, é viver a perda de um grande sonho, aquele que envolveu paixão, seja por alguém, seja por um grande ideal, aquele em que muita esperança foi investida.

A morte de um grande sonho é uma experiência arrasadora, que leva a uma perda provisória do sentido. E, quando nada mais faz sentido, a vida se torna árida. As coisas do dia a dia ficam completamente sem importância, o interesse se evapora. Só resta um — para quê? Estudar, trabalhar, tomar banho, para quê? Para que levantar-se da cama? Não há razão para fazer qualquer coisa. Permanece um sentimento de indignação. O futuro se apaga, se esvazia. E o passado também se anula, pois tudo foi inútil, visto que o que aconteceu agora acabou com tudo. O que foi planejado antes não serviu para nada.

A devastação ocorre também nas relações com os outros. Estes se afligem, preocupam-se com aquele que está passando por tudo isso. Mas quem está vivendo esse momento não tem como ser alcançado pelo afeto que os outros querem lhe dar. Ele afasta quem se aproxima e se retrai numa solidão profunda. Pode até surgir nesse contexto um sentimento de culpa por essa incapacidade de receber amor.

Essa é uma experiência vivida como traição: ele foi enganado pela vida. Ele tinha uma vida para viver e agora não tem mais. É como uma morte. A pessoa que ele era vivia uma história que ia em direção ao futuro. O sonho morto corta essa história, deixando a sensação de que a vida foi truncada.

É por isso que a perda humana tem um caráter especial. Ela traz um rompimento do sentido que havia até então. De que forma a pessoa vai conseguir acolher como fazendo parte de sua vida um acontecimento que chega e, exatamente, desarticula sua vida?

Como fica a vida das pessoas cujos sonhos, por qualquer que seja o motivo, precisaram morrer? O sentido de suas vidas fica abalado, de acordo com a importância do sonho de que tiveram de abrir mão. Mas a vida continua, e elas arrumam maneiras de sobreviver. Quando estamos em contato com elas, notamos em suas vidas as marcas deixadas pela perda daquilo que havia sido seu motivo para viver. Podemos descrever metaforicamente três atitudes possíveis dessas pessoas.

Uma delas é a que poderíamos comparar com a situação de um carregador de cadáver. Essa pessoa carrega o peso de levar consigo um sonho morto. Vive submersa, afunda-se sob esse peso de carregar uma coisa sem vida, sob o sentimento de ter vivido uma injustiça, algo brutal que lhe foi imposto. Vive uma revolta. É como se dissesse: "Por que comigo?". Esses sentimentos paralisam a vida. O que predomina é o ressentimento, e isso significa um "re-sentir" sempre a mesma coisa que não se esgota; esse ressentimento não transcende, fecha-se num círculo de amargura. Há um rancor com relação aos outros, que não passaram pelo que ela passou, sobretudo por aqueles que ainda se entusiasmam, que sonham, que "ainda se iludem". Ela gostaria de mostrar ao outro o quanto é bobagem aquilo que ele está vivendo, até mesmo para protegê-lo. Quer que ele "ponha os pés no chão", na realidade, senão ele vai se machucar.

Outra é a atitude de pessoas que chamaríamos de abandonadores dos sonhos. Essas pessoas ultrapassam a revolta, aceitam o fato de que seu sonho morreu e... desistem. Têm medo do que elas chamam de "se iludir outra vez", evitam qualquer possibilidade de um novo envolvimento, seja com o amor de alguém, seja com um ideal. Sentem que não suportariam uma nova perda. Tornam-se conformistas, indiferentes, passivas diante da vida, como que protegidas por uma espuma de borracha, temendo a vulnerabilidade. São cordatas, fazem tudo que é preciso. Mas parece que não estão vivas, estão distantes de tudo. Não conseguimos nos aproximar delas, são escorregadias. Não se trata, nesses casos, daquela aceitação sábia que acolhe o dar-se dos acontecimentos da vida, mas de uma subordinação passiva diante das circunstâncias. Uma pessoa assim não vive propriamente a sua vida, ela cumpre tarefas.

E há um terceiro tipo de atitude diante do fim de um sonho. É a atitude de quem, ou porque já tinha mais recursos, ou porque teve mais oportunidades de lidar com perdas, aceita que aquele sonho acabou, sofre por isso, mas não vive com isso uma devastação. Pessoas assim não desistem da procura de sentido para a vida. Delas poderíamos dizer que são insistentes, teimosas. Essas pessoas não transportam os sonhos mortos, enterram-nos. Entre os humanos há uma característica descrita por antropólogos que consiste em enterrar os mortos. Podemos ver nesse enterrar uma analogia com o depositar uma semente na terra: não é para se livrar da semente que ela é depositada na terra. No ato de enterrar a semente, está presente o lidar com a morte e com a vida; morte e vida se articulam. A vida, submissa à morte, impõe à morte a possibilidade do nascer de novo; a morte aparece como o lugar em que a vida pode recomeçar. Esse é o jogo interminável de vida e morte que constitui a história dos homens no planeta. A semente, coberta pela terra, germina, e dali provém o broto. Se estendermos essa analogia com o enterro dos sonhos, veremos que estes, uma vez cobertos pela terra, são como sementes. Isso nos sugere que aquela força que era capaz de sustentar, de dar vigor ao antigo sonho que morreu, essa mesma força, como semente, germina e pode sustentar o novo. Naquelas pessoas chamadas aqui de insistentes ou teimosas, podemos ver destacado um caráter peculiar dos seres humanos: os homens não são apenas portadores de sonhos, são gestadores de sonhos. Elas enterram o sonho morto e sentem que podem parir novos sonhos.

Alguém pode ser empurrado para aquela situação em que seus sonhos são arrasados devido a perdas de várias naturezas: morte de uma pessoa muito significativa, abandono, um ideal que se desfaz e outros motivos, dependendo de cada um.

Mas queremos destacar aqui aquelas perdas que atingem alguém diretamente em sua corporeidade. Uma pessoa que perde funções, habilidades, desempenhos, perde mais do que isso. Perde sonhos. O modo como ela planejava viver está fora de seu alcance.

Mesmo quando resgata habilidades perdidas, e isso é sempre feito com esforço, sente a diferença entre ela e aqueles que não perderam, que não tiveram nenhuma quebra de continuidade no seu percurso. O que para ela tem custado tanta dor, sentimento de abandono, medo, para os outros não custa nada, vem de graça, com naturalidade.

Vamos supor que alguém que tenha perdido a possibilidade de andar comece a recuperar essa habilidade. Essa pessoa faz progressos, vê que isso é bom, mas vê também quando os outros simplesmente se levantam de uma cadeira e saem andando, correndo ou dançando. Com ela também já foi assim, mas isso está perdido, pelo menos por enquanto, e quanta energia ela precisa empregar para aprender de novo a dar os seus passos.

E há também aqueles que não recuperarão nada do que foi perdido. Seus sonhos são cortados de um modo radical.

Os que trabalham junto a pessoas que sofreram perdas graves sabem que todas as técnicas, todos os procedimentos que possam contribuir na recuperação de funções ou de habilidades devem ser usados, com o objetivo de que elas se aproximem o máximo possível da reabilitação. E, além das técnicas empregadas, é importante que se lembrem do respeito pela dor dessas pessoas, pois elas estão tendo de se haver com seus sonhos interrompidos ou com seus sonhos mortos. Elas têm necessidade de viver um tempo de luto.

Nessas situações, a paciência e a dedicação são fundamentais. Outro cuidado necessário consiste em evitar certas atitudes que funcionam como armadilhas em que podem cair tanto o paciente como a pessoa que trata de sua recuperação.

Uma delas é aquela que poderíamos chamar de um fascínio pela perda, um ficar preso na densidade emocional ligada à tragédia, sem se lembrar de que é preciso ir além.

Outra é a tendência a permanecer no lamento diante do que foi perdido, diante de como poderia ter sido o futuro se não tivesse acontecido o que aconteceu. Esse instalar-se no lamento mantém a pessoa constantemente ligada àquilo que não pode mais ser; ela passa a viver transportando um sonho morto, com todo o peso que isso tem.

Ainda outra armadilha pode se misturar exatamente ali, no desejo de recuperar o que foi perdido. Isso acontece quando são empregados esforços incríveis para se chegar a um resultado perfeito e vê-se que, por melhor que seja o resultado, ele fica aquém da condição original perdida. Está sempre atrás e nunca chega. A frustração vai estar sempre presente. A pessoa alimenta este pensamento: "Imagine do que eu seria capaz se não tivesse tido essa perda!". Com isso, perdem-se de vista as possibilidades presentes. O foco permanece dirigido para a perda. E é importante o foco pelo qual se olha uma situação.

Há um exemplo que ilustra isso. Num grupo, as pessoas conversavam a respeito de duas moças que estavam ausentes. Uma delas era cega e a outra paraplégica. Mas a cega andava e a paraplégica enxergava. As duas tinham o mesmo nome, suponhamos aqui, Maria. Falaram alguma coisa de uma delas e então alguém perguntou: "Qual delas?". E a resposta foi esta: "A que anda". Não foi dito: "A que é cega". Aqui, o foco estava dirigido para a possibilidade, e não para a falta.

É difícil descrever a tarefa de quem trabalha com a reabilitação de pessoas. Mas sei que ela tem algo em comum com o cuidado que um ser humano é capaz de ter com o outro, sendo o "confidente" que acolhe a sua dor como quer que ela se manifeste, não só aquela física, mas a dor de existir em tais momentos. É uma tarefa de quem acredita que o vazio que resta quando o futuro esperado se fecha pode ser o espaço em que o inesperado se dê, aconteça, embora de início não se saiba bem o que isso significa. Num primeiro momento, no caso de perdas que afetam a corporeidade de uma forma muito radical, é preciso reconhecer e aceitar a morte da história que estava se desenrolando antes da perda. Da história daquela pessoa faziam parte o que já tinha sido, o que estava sendo até o momento da perda e também o futuro que se abria, com tudo aquilo que era esperado. Com aquela perda, fechou-se o horizonte do futuro. Aquela história acabou. Não existe mais. Se não reconhecermos isso, todo o trabalho da recuperação não será nada além de "correr atrás do prejuízo". E esse prejuízo é insuperável. Se não deixarmos "morrer" aquela pessoa que existiu antes, aquela que existe agora, a lesionada, a que perdeu sua condição anterior, nunca poderá sair da perda. Como a perda é irreversível, ela nunca poderá ser compensada completamente, e, assim, todo o processo de recuperação consistirá apenas em reaver o que foi perdido, e, ainda que os resultados sejam ótimos, todo o trabalho acontecerá constantemente "no vermelho". Será sempre a diminuição da perda, nunca um ganho real. No entanto, se a pessoa que existiu antes da perda, isto é, antes do acidente, da doença, já não é mais esta que existe agora, esta é uma outra pessoa com estas características que, de fato, se apresentam atualmente. Comparada com alguém que nada perdeu ou com ela mesma antes da perda, esta nova pessoa tem menos recursos; algumas possibilidades se fecharam para ela. Mas, ainda assim, sua existência não deixa de ser um vir-a-ser e de implicar o encargo de ter de se realizar, da maneira como for possível agora.

Então, num segundo momento, se podemos olhar esta "nova" pessoa com suas limitações e possibilidades, podemos promover seu desenvolvimento dentro de suas limitações. O corte com relação ao passado não nega nada. Deixa ser no passado uma pessoa que existiu até certo momento e acabou. O horizonte de futuro que se abre agora é outro. E, neste momento, "nasce" uma outra pessoa. Tem início uma nova história, abre-se um novo modo de existir, um novo projeto existencial. Se for assim, então a recuperação não é "recuperação"; é desenvolvimento. Saímos do "vermelho" em que diminuímos o prejuízo, e trabalhamos no "azul" em que, contando com as limitações que não deixarão de existir, vamos em busca do novo, do crescimento dessa nova pessoa. A chance que essa pessoa teve não foi a de continuar, foi a de viver duas vidas, a anterior e a nova.

Por isso, eu diria que a tarefa dos que trabalham com reabilitação é a de parteiros do novo. Quando o futuro se fecha, é no vazio que resta que muita coisa pode acontecer ainda. É hora de favorecer o desenvolvimento das possibilidades que permaneceram e, mais, prestar atenção ao novo que possa surgir. Para aquela pessoa que perdeu todas as suas referências na vida, todo o sentido, o que poderia ser "novo" aí? Não sabemos, até que ele desponte. Se acreditamos que o ser humano é não só portador de sonhos, mas também gestador de sonhos, então acreditamos que algo pode germinar, pode ser gestado mesmo no deserto da falta de sentido. E é nossa tarefa ajudar a nascer o que tiver brotado. O novo, como uma sementinha, precisa ser protegido; como o broto, ele é sempre frágil, precário, mas é também vigoroso. Ele solicita a parceria do cuidado para que possa se ampliar.

E essa tarefa supõe paciência, pois, se um sonho pode ser destruído de uma hora para outra, redescobrir um sentido para viver pode levar muito tempo.

A pessoa que, depois de ter perdido o sentido de sua vida, de ter visto seus sonhos tornados impossíveis, conseguir acolher o que aconteceu como fazendo parte de sua história, retomando-a da maneira como ela puder ser depois de tudo, vai sentir que sua vida tem um sentido ainda maior, mais profundo do que havia sido antes. Ela terá vivido uma experiência de morte e de renascimento.

Ao longo da história da humanidade, diferentes mitos e rituais referem-se à questão de morte e renascimento e nos dizem que aquele que renasce é maior que aquele que morreu. Aquele que tem a experiência de renascer e consegue um novo começo pôde viver duas vezes, foi mais longe, compreendeu mais.

seis
SACRIFÍCIO DO SONHO

Ouvimos alguém dizer e nós mesmos também já dissemos coisas como: "Esse sempre foi o meu sonho" ou "Aquilo chegou e acabou com meu sonho de"; e esse sonho de... pode ser de tanta coisa! A expressão "meu sonho" significa aqui meus projetos, meus planos, meus desejos, aquilo que antecipo como algo que faz parte do sentido da minha vida, aquilo sem o que minha vida ficaria sem graça. E esse poder sonhar é o que caracteriza a existência humana, sempre aberta para o futuro, sempre à espera de poder realizar possibilidades. O homem já foi definido como o animal racional e ele pode mesmo ser racional. Todavia, o que marca mesmo a sua humanidade é ser esse sonhador que ele é.

E ser o sonhador é possível, porque ele é o animal que fala, que tem a linguagem, que tem a palavra, e a possibilidade da palavra o distingue dos outros animais. O falar é uma forma de comunicação, mas não é só isso, é muito mais. A peculiaridade que caracteriza o falar consiste no fato de que, enquanto as outras formas de comunicação mostram o que existe, e apenas isso, o falar pode mostrar o que não existe. As abelhas comunicam umas às outras onde estão as flores. Mas elas não falam das flores do próximo ano. Elas não falam do que ainda não veio nem do que já foi.

O homem, quando fala de seus sonhos, de suas esperanças, de seu desespero ao ver seus projetos inviabilizados, está falando de algo que não existe ainda. No entanto, ao falar disso tudo que não existe, o outro que o escuta pode ver algo, saber do que o amigo está falando; e aquilo que dessa forma é mostrado torna-se familiar a quem ouve. Quando ele fala, por exemplo, do filho que quer ter, esse filho não existe, mas esse projeto reúne sua esperança, seu desejo, seu sonho de ser pai, sua preocupação, seus cuidados. Isso tudo ocupa uma posição privilegiada, mostra esperança do que não existe ainda.

Essa esperança converte-se numa presença antecipada e o que organiza, convoca a força e o empenho, direciona as escolhas, os comportamentos, dá sentido para o agir humano. Nisso nós nos distinguimos profundamente dos animais, que são determinados somente por suas programações genéticas e por condicionamentos. Quanto a nós, humanos, são nossos sonhos que nos movem.

A realização muito esperada de um grande sonho é algo para ser comemorado, pois é imensa a alegria de quem desejou tanto que aquilo acontecesse. Algumas vezes, quando acontece uma alegria assim tão grande de uma pessoa ou de várias pessoas que esperaram muito por essa coisa tão boa que chega, temos a sensação de que aquela comemoração diz respeito à humanidade toda. É a humanidade que comemora. Comemora-se ali este fato: sucedeu, na realidade, um acontecimento do jeito como foi desejado por seres humanos; aconteceu o que, na antecipação, já tinha sido objeto de muitos cuidados. A humanidade do homem está presente nesse sucesso.

Mesmo nas coisas de ordem prática, como uma pesquisa, uma transação comercial, por exemplo, é o objetivo que determina aquilo que deve ser feito. O que determina é exatamente aquilo que ainda não existe, porque não foi ainda atingido, é o que só esperamos que aconteça no fim. Assim, o início de algo depende da presença antecipada do fim, daquilo que ainda não é real, que é apenas desejo, projeto. Em uma palavra: sonho.

E não só somos capazes de imaginar, desejar ou temer algo no futuro. Tornamos presente também o que já não existe, inventamos recursos que possam reter o passado: escrevemos, tiramos fotos, gravamos, filmamos ou apenas... lembramos. Falamos de coisas já vividas, que fazem parte do passado. Pela nossa fala, trazemos à presença contemporânea, por exemplo, o que foi dito por Aristóteles.

Essas duas condições, antecipar o futuro e trazer de volta o passado, ainda não esgotam, porém, o vigor da palavra. A palavra também fala de algo que não existirá, não existiu, mas poderia ter existido. Fala de um puro possível, do que não foi nem será.

Isso se mostra naquelas ocasiões em que dizemos: "Podia ter sido assim, assim, puxa, teria sido tão bom!", ou "Podia ter me acontecido tal e tal coisa, ainda bem que não aconteceu!", ou "Eu me arrependo, devia ter pensado em tal coisa antes de ter feito o que fiz". Tudo isso se refere ao que não aconteceu nem vai acontecer. Já passou o momento em que poderia ter acontecido aquilo tão bom, como já passou o momento em que, felizmente, não se deu aquilo que seria tão ruim, bem como já passou aquela hora em que eu poderia ter pensado antes de fazer aquilo que já fiz. Mas, mesmo assim, falo desse "poderia", que está presente agora.

O que "poderia ser", mas não é, isso que não existe, que é o não real, ilumina o real. Ele pode transformar o significado do que está acontecendo. Fico feliz com o que está sendo agora, porque sei que isto poderia não ser se algo antes não tivesse sido como foi — que bom que foi assim e não de outro modo! Fico triste com o que acontece agora, quando o comparo com todas as possibilidades que poderiam ter sido melhores do que esta que se realizou — que pena! Isso que poderia ser, e que não é, é o que dá o colorido ao que é. É o não real colorindo o real.

O homem é esse ente que tem a característica de poder se desprender do real, esse, cujo agir é movido por algo que pertence ao futuro, uma possibilidade antecipada. Ele se solta do concreto e diz "eu quero que seja, há de ser!". E é também o que olha para o passado e diz "eu queria que tivesse sido, por que não foi?".

O poder falar, que permite ir além do real presente, é o que traz o que não existe e arranca o homem da submissão à realidade. Tomando como referência o que não existe, ele se relaciona com a realidade enxergando-a de fora, descobrindo, justamente no que não existe, um horizonte que se torna um princípio de organização da realidade. Tendo isso como horizonte, o homem pode costurar tudo, ligando o que acontece agora com o que já aconteceu, com o que pode ainda acontecer, com o que poderia ter acontecido. Dessa costura, vai resultando um tecido formado pela realidade de tudo o que se realizou; por tudo aquilo que, tendo sido uma possibilidade, entretanto, não se realizou; pelo que permanece ainda como possibilidade. Enfim, nesse tecido mesclam-se futuro, passado e presente, bem como realidade e possibilidades. Olhando para esse tecido, o homem vê como, ao longo do tempo, foi se formando o desenho de sua vida, que continua aberto, visto que ele está sempre vindo-a-ser. Ele vê a sua história, ou seja, a sua identidade.

Esta é a tarefa dos homens: reunir, tecer o que existe com o que não existe, ou seja, reunir a realidade que se dá com as possibilidades, tanto com as futuras que estão em aberto como com aquelas que, no passado, foram possibilidades, e que agora não são mais, porque deram lugar à realidade. A *humanitas* do homem consiste nisto: tecer, fazer história, reunindo tudo aquilo que, sem história, se mostraria apenas como fatos fragmentados, estilhaçados. Essa tarefa de fazer história pertence ao homem porque corresponde à sua essência, que é o cuidado — de si, dos outros homens, do mundo —, cuidado que junta futuro, passado e presente, que faz história.

Fazendo história, o homem não é apenas um reunidor de fatos. Ele tem como horizonte aquilo que pode ser, que poderia ter sido, ou seja, algo que não foi, que não é, nem será. Ele se apoia em um não-ser.

É o que permite que ele sinta culpa quando percebe que, se ele tivesse sido de outra maneira numa dada situação, algo poderia não ser como está sendo agora. Só os humanos sentem isso. É também o que lhe traz raiva quando suas esperanças se transformam em decepção diante de projetos fracassados, pois, quando isso que está sendo agora se mostra como algo tão diferente daquilo que havia sido esperado, sonhado, enquanto ainda era o possível, pode ser muito difícil costurar, reunir coisas tão opostas num todo que faça sentido. Como cuidar de juntar a esperança que existia com o vazio que sobrou? Nessa hora, o que surge é uma recusa em aceitar o que foi dado, o que se tornou real, porque isso não corresponde ao que havia sido sonhado. Fica, então, a pergunta: "Se não era para acontecer como eu sonhei, como estava previsto, por que então me enganei tanto?". Instaura-se uma luta contra as possibilidades inesperadas que se realizaram.

Nessa recusa ou não aceitação, o homem recusa sua tarefa de tecelão, ele não junta os fios, ele se enrola nos fios. Não sabe mais compor o tecido da sua história. Nessa hora, ele se esquece de que homem é húmus, é terra fértil que aceita a semente que cai sobre ela, aceita que ela se desenvolva segundo as possibilidades que são dela, a semente. O homem é essa terra, é esse lugar em que o possível se faz real. Ele é aquele cujo cuidado tece a trama que reúne futuro, passado, presente, que junta tudo, seja o sonho, seja a realidade que chega — a semente que cai. Não é à toa que, nos mitos, o homem é feito de barro.

Cabe aqui recordarmos uma fábula que encontramos em *Ser e tempo*, em que aparece o homem como húmus e tendo como essência o cuidado (termo que se deriva etimologicamente do latim *cura, ae*).

> "Certa vez, atravessando um rio, Cura viu um pedaço de terra argilosa: cogitando, tomou um pedaço e começou a dar-lhe forma. Enquanto refletia sobre o que criara, interveio Júpiter. A Cura pediu-lhe que desse espírito à forma de argila, o que ele fez de bom grado. Como a Cura quis então dar seu nome ao que tinha dado forma, Júpiter a proibiu e exigiu que fosse dado o seu nome. Enquanto Cura e Júpiter disputavam sobre

o nome, surgiu também a Terra (*tellus*) querendo dar o seu nome, uma vez que havia fornecido um pedaço de seu corpo. Os disputantes tomaram Saturno como árbitro. Saturno pronunciou a seguinte decisão, aparentemente equitativa: 'Tu, Júpiter, por teres dado o espírito, deves receber na morte o espírito e tu, Terra, por teres dado o corpo, deves receber o corpo. Como, porém, foi a Cura quem primeiro o formou, ele deve pertencer à Cura enquanto viver. Como, no entanto, sobre o nome há disputa, ele deve chamar-se Homo, pois foi feito de húmus'."[1]

Possibilidades tornam-se reais, passam a compor a realidade na história que é aquela pessoa. Algo que não era passa a ser. Para o homem, mesmo apoiado em um não-ser, o fato de algo "chegar a ser" tem sempre uma importância fundamental. Os acontecimentos se dão, e, à medida que eles se dão, que possibilidades se realizam, a realidade vai se configurando de um determinado modo. O que chega a ser real e tem a ver comigo passa a compor a minha realidade; isso que chega é a mim que chega. O que chega, em alguma medida e de algum modo, modifica alguma coisa da realidade que era a minha até então. Mas o difícil é saber que possibilidades indesejadas também se realizam.

Pensemos no que significa o chegar de algo. O chegar pode se dar basicamente de duas maneiras: o que chega não era esperado ou o que chega era esperado.

---

[1] HEIDEGGER, Martin. *Ser e tempo*. Petrópolis: Editora Vozes; Bragança Paulista: Editora Universitária São Francisco, 2006, p. 266.

O inesperado, normalmente, é indesejado ao chegar; traz um desconforto, causa surpresa, estranheza. Pode gerar desconfiança, recusa, medo. Não contávamos com o que chegou — o que faço com isso agora? A chegada do inesperado implica uma ruptura. O inesperado chega rasgando, ele cria o seu próprio lugar ali onde nós, inadvertidamente, não tínhamos deixado nenhum lugar para ele. O que chega se faz presente e se impõe. Mesmo quando o que chega inesperadamente é bom, é preciso um tempo para que surja alguma familiaridade com o que chegou. Quando o inesperado é percebido como inconveniente, um tempo é necessário para a superação do desconforto que ele provoca, até que ele possa deixar de ser inconveniente à situação, até que possa ser aceito aquilo que, impertinentemente, entrou onde não era esperado. E pode acontecer também que o que chegou se mostre cada vez mais impertinente, mais inconveniente.

Quando o que chega é o esperado, este chega como algo que se anunciava. Ao chegar, parece que ele já estava lá. Havia uma expectativa que mantinha aberto o lugar que ele haveria de ocupar, como se ela estivesse guardando lugar para o que chegaria. E quanto maior for a expectativa, ou seja, quanto maior o sonho, mais ele se instala naquele lugar, de modo que, ao chegar o esperado, agora como o real, este encontra o lugar já ocupado pelo sonho. Entretanto, no momento em que aquilo que chega se apresenta, ele precisa de espaço para se apresentar. O sonho precisa se retrair para dar lugar à realidade. Chegou o esperado, finalmente! Finalmente? Estará havendo nisso um fim de qualquer coisa?

De certa forma, sim. Um sonho finalizou, acabou; agora é a realidade. Algo deixou de ser o "ainda não" para ser o "já presente". O que era sonho, o que era expectativa, tem de ceder espaço para que caiba o que chegou. Pelo fato mesmo de ter se realizado, o sonho morre, e o que há agora é o sonho que se realizou. O sonho iluminou a espera, mas, agora, é a realidade que precisa ser cuidada.

Há algumas situações na vida que exemplificam bem isso. O rapaz se apaixona pela menina que se torna o seu sonho e luta para conquistá-la. Quando, enfim, ela é conquistada, pode ser difícil para ele aceitar e amar a menina que agora é a namorada real. Ela não tem como ser o sonho dele; ela não está mais no âmbito do sonhado. Se a menina sonhada continua a competir com a que realmente está ali agora, esta fica sem espaço para ser a namorada real. O sonho tem de morrer para que a menina real encontre seu lugar. Para ela, devem ser agora os cuidados.

Outro exemplo é a chegada de um filho. Esse é um acontecimento dos mais importantes, que se passa num plano diferente daquele em que os animais dão cria. A vaca fica prenhe, não espera um bezerro; mas a mulher fica grávida, ela espera um bebê. A palavra grávida, em sua origem latina, nos faz pensar não só no peso, no cheio, como também no grave, como aquilo que é sério, que causa preocupação. A ideia de gravidez liga-se a algo cuja gravidade é insuperável: gravidade da vida e da morte.

O filho desejado se faz anunciar muito antes de sua chegada. Desde que começa a ser desejado, ele já é rodeado de sonhos, de projetos, de imaginação a respeito de como ele será, de desejo de que a vida seja boa para ele, enfim, de cuidados de toda natureza, desde aqueles que entram no campo das fantasias até aqueles mais básicos, concretos, relativos à gestação, ao enxoval, ao berço em que ele vai dormir.

Um dia, esse filho tão sonhado chega e ali está o filho real. É momento de comemoração, o sonho se realizou. Mas agora, dia a dia, o bebê vai mostrando que ele não é sonho, ele existe, com tudo que isso acarreta. O filho sonhado precisa ceder lugar para o filho real. Mas abrir mão do sonho não é fácil.

Em alguns casos, o sofrimento da mãe chega a ser muito grande, ela pode até mesmo chegar a ter uma depressão pós-parto. É certo que podem existir para isso fatores hormonais, bioquímicos, mas parte dessa tristeza tem algo em comum com o morrer de um sonho.

Na gestação, ela já cuidava do filho que viria realizar seu sonho de ter um filho. Agora o sonho se realizou, acabou; o que está ali é uma criança de verdade, e é dessa criança que vai ser preciso cuidar. Não se trata meramente do trabalho, digamos, braçal que uma criança exige. Aquela criança é um outro que entrou em sua história. É uma vida humana que chega com tudo para se realizar, para ser ela mesma, não o sonho da mãe. Mas, ao mesmo tempo, a criança precisa dela. O filho tão esperado também é inesperado — o filho que eu esperava tinha a leveza do sonho, o filho que nasceu ganha a gravidade do que existe. Ele está aqui, é exatamente este aqui... e agora? É possível compreendermos que, diante disso, alguém possa sentir estranheza, medo, angústia.

Chega o filho real para ocupar o lugar do filho sonhado. Prepara-se um ninho para o sonho, e, quando a realidade chega, ela tromba com o sonho instalado no ninho. Este precisa ser esvaziado para que o filho real seja acolhido. Para realizar o sonho, é necessário aceitar sacrificar o sonho, e, enquanto o sonho se recolhe, o filho real vai ocupando o seu lugar.

O tempo é o grande possibilitador que concorre para que isso aconteça. E é aquele bebê que está ali, recém-chegado, quem vai colaborar com os pais nesse momento crucial. Tão pequeno, mas já um ser humano, homem em relação com os outros homens; ele é o parceiro, é quem vai ensinar a mãe a ser mãe e o pai a ser pai. Sua presença física, suas necessidades que precisam ser satisfeitas, isso tudo é como se ele estivesse o tempo todo atestando: eu cheguei, eu estou aqui, eu sou real. Ele é a própria solicitação do cuidado. Ele mesmo vai mostrando para os pais o que é preciso fazer com ele, o que cabe, o que não cabe. Tão pequeno, mas que força tem esse bebê! Ele oferece o cuidado complementar que nos salva de nos perdermos de nossa condição humana, e nos salva exatamente porque nos impele na direção do sacrifício do sonho e do acolhimento da realidade. O bebê nos reorienta. Os pais precisam aprender a ver, a ouvir e a interpretar o que o bebê comunica. Eles precisam se deixar amparar pelo bebê. É na parceria com o bebê que os pais podem resgatar a liberdade de ter novos sonhos, pois os homens são sempre não apenas portadores de sonhos, mas gestadores de sonhos.

Mas há uma situação especialmente dramática para os pais, situação em que aquela parceria com o bebê que chegou é colocada em risco. É quando o bebê que acabou de chegar precisa ir para a UTI neonatal. Esse bebê chega gritando que não é o filho sonhado, pois o filho sonhado não precisaria daqueles aparelhos todos da UTI — ele estaria no meu colo. Que filho é esse que me foi dado? Ele não pode ficar com a mãe e o pai, que até agora tinham cuidado dele. Ter de abrir mão do sonho de modo assim tão rápido é brutal para os pais, pois eles ficam sem o tempo e sem o parceiro na vivência de sua experiência de sacrifício do sonho. Tudo tem de ser muito rápido em benefício da saúde do bebê. Para os pais, é um choque. Eles se deparam com a sua impotência. É a realidade atropelando o sonhado.

O dramático é que a UTI aponta muito diretamente para a possibilidade da morte. E essa possibilidade é assustadora. Quando essa possibilidade se realiza, a violência é muito grande: morreu o sonho e morreu também o filho que chegou. Sonho e realidade são despedaçados e o deserto é total. O vazio da morte do sonho e o vazio da morte do filho estão expressos no vazio dos braços da mãe ao sair da maternidade. O filho que acabou de nascer, em vez de ser levado para a casa, é levado para o cemitério: vai ser enterrado, pois é um homem que morreu. É um humano, e, mesmo que tenha vivido só alguns segundos, quem morreu foi um homem inteiro, um homem acontecido, uma história inteira. Somos sempre uma história, não importa se longa, curta, gigantesca ou minúscula. No dizer de Heidegger, um ser humano, quando nasce, já é suficientemente velho para morrer.

Quando um bebê nasce, todos nós sabemos que ele é mortal, que sua vida é destinada a terminar, só não sabemos quando. E não esperamos que seja tão logo. Esperamos que ele tenha tempo, que nós tenhamos tempo com ele. É o nosso desejo. Mas a vida não chega a nós como um direito. A vida é doação, é presente, é dádiva. Acontece de ser. Mantém-se de graça e sem garantia. Nosso compromisso é com o cuidar dela. Somos homens, húmus, a terra que, sem escolher, acolhe a semente que cai sobre ela. Resultará só uma folhinha? Ou uma árvore daquelas milenares?

Talvez a mais dolorosa das experiências humanas seja a morte de um filho, a mais difícil de ser "costurada" no tecido da história de cada um. Quando, em nosso trabalho, nos relacionamos com pais e mães que estão vivendo esse drama, precisamos dar espaço para suas queixas, para a manifestação de sua dor. O que está acontecendo com eles não é patológico. Eles estão vivendo autenticamente o que os homens têm de viver. Nós, homens, que temos essa extraordinária potência de ampliar horizontes para além dos limites do real, pagamos por isso um alto preço: a necessidade de sacrificar as antecipações que fazemos, para que a realidade que se dá seja recebida.

Não temos consolo para dar a esses pais. Com a nossa compreensão, talvez tenhamos, diante do vazio que está sendo o deles, a serenidade necessária para oferecer a eles o vazio que nessa hora está também em nós. Talvez tenhamos tranquilidade, paz e paciência, paz-ciência, para acolher a angústia desses pais que estão precisando acolher vida e morte.

Embora os seres humanos tenham seus desejos ou sonhos como referências que organizam suas ações, não podemos negar a experiência humana que consiste na morte dos sonhos. Um sonho morre porque já se realizou, e, então, não é mais sonho. Ele se retrai, oferecendo espaço para a realidade. Outro é impedido na sua realização; não pode chegar a acontecer, não se torna realidade. E ainda um outro, que estava se tornando real, morre porque seu caminho é atravessado por algo que chega, acaba com ele, e a realidade que se impõe é outra. Enfim, sonhos morrem; a realidade ocupa o lugar que foi deles. Os homens são mortais, e os sonhos humanos também são mortais.

O movimento de retração do sonho é chamado de sacrifício, principalmente nas culturas ocidentais. O sacrifício é, antes de tudo, o recolhimento ou o retraimento do sonhado, daquilo que orientou o vir-a-ser daquele Dasein. No sacrifício do sonho, o Dasein se entrega radicalmente ao acolhimento do que chega.

Mas, então, por que os homens insistem em sonhar? Eles sonham porque sua forma de ser é essa, ter de realizar sua existência movidos não apenas por determinações prévias, quaisquer que sejam elas, mas movidos em direção a algo que, a partir do futuro, se mostra como aquilo que dá sentido à sua vida ou que, de algum modo, faz parte desse sentido. Eles, por uma característica essencial, não podem deixar de ser sonhadores. Entretanto, também pertence à existência o não poder ter garantia de coisa alguma. E a garantia não é possível porque, para que algo aconteça, são incontáveis as condições necessárias, algumas controláveis, a maior parte delas não. Mesmo sem garantia, porém, para ser fiel a si mesmo, o homem sente-se impelido a realizar a parte que lhe cabe no caminho em direção ao seu sonho.

Quando, apesar da força do sonho, a realidade que se apresenta e se impõe é muito diferente do que foi sonhado, seja porque, pouco a pouco, o cotidiano foi modificando tudo, seja porque, repentinamente, tudo se alterou — não, isso está errado, não era para ser assim, isso não pode ser... —, um movimento humano pode ser a revolta. Outra possibilidade é aquela em que o homem, como terra acolhedora que não rejeita a semente que cai, numa atitude drástica, dolorosa, aceita sacrificar radicalmente seu sonho para acolher apropriadamente a realidade. E, nessa hora, ele se aproxima de um vazio devastador.

Poder sonhar, realizar os sonhos, ver morrerem os sonhos e costurar tudo isso, o que nunca foi, o que foi e acabou, a realidade que chega, e depois um sonho novo, formando um tecido que é a história de cada um, tudo isso faz parte do viver humano. Cada homem é essa história.

Mas há um homem cuja história tem sido lembrada com perplexidade através dos séculos, tem sido objeto de reflexão de pensadores, entre os quais, Kierkegaard. Considero que essa história deve ser especialmente recordada por ser um paradigma que nos ajuda a pensar no homem enquanto Dasein: este que faz planos, sonha e sacrifica o sonho para acolher o que chega como realidade, suportando o vazio. Trata-se da história de Abraão, o grande mito da paternidade.

Ele não é apenas um grande patriarca, ele é "o" patriarca. Os três grandes movimentos religiosos no mundo ocidental, judaísmo, cristianismo e islamismo, provêm de Abraão. Ele é exemplar não só para o gênero masculino, mas para todos os humanos.

Essa não é uma história qualquer. Abraão é o exemplo do homem que leva ao extremo essa experiência humana: ter um grande sonho, ter a alegria de vê-lo começar a ser realizado e de se dedicar a ele, e, de repente, precisar recolher esse sonho que dá sentido à sua vida, aceitar o vazio do sonho morto, e, nesse vazio, acolher a realidade que chega.

Ele é um homem que, como tantos outros, se casa e quer ter filhos. Em seu tempo, talvez mais que hoje, ter uma descendência era de uma importância fundamental, era o cerne das possibilidades de futuro, o alcance da plenitude, o abrir-se para a posteridade. Mas Abraão não tinha filhos.

Segundo a *Bíblia*,[2] em *Gênesis*, Deus, chamado Iahweh pelos hebreus, mandou que Abrão (era ainda seu nome) saísse de Ur, onde morava, e fosse para uma outra terra, que lhe seria indicada em seu caminho. Disse a ele: "Eu farei de ti um grande povo, eu te abençoarei,

---

2 *Bíblia de Jerusalém*. São Paulo: Editora Paulus, 2002.

engrandecerei teu nome; sê uma bênção!" (Gn 12,2). Abrão obedeceu e, então, saiu com Sarai, sua mulher, e mais um grupo de pessoas em busca dessa nova terra prometida. Caminharam muito e, num lugar chamado Siquém, Iahweh apareceu e disse a Abrão: "É à tua posteridade que eu darei esta terra" (Gn 12,7). Num outro momento, de novo, Iahweh falou para Abrão: "Toda a terra que vês, eu a darei, a ti e à tua posteridade para sempre. Tornarei a tua posteridade como poeira da terra: quem puder contar os grãos de poeira da terra poderá contar teus descendentes!" (Gn 13,15-16). Abrão continuava sua vida, cuidando daqueles que o acompanhavam no seu percurso e do seu rebanho. E ainda outra vez a palavra de Iahweh lhe foi dirigida numa visão: "'Não temas, Abrão! Eu sou o teu escudo, tua recompensa será muito grande'. Abrão respondeu: 'Meu Senhor, Iahweh, que me darás? Continuo sem filho...'" (Gn 15,1-2). Iahweh lhe disse: "Ergue os olhos para o céu e conta as estrelas, se as podes contar, e acrescentou: 'Assim será a tua posteridade'" (Gn 15,5). Abrão era um homem de fé. Mais uma vez ele acreditou.

Podemos imaginar aqui como, apesar de saber que Sarai era estéril e já não estava em idade de poder ter filho, Abrão pôde alimentar seu sonho de ser pai, de ter um filho que garantisse a sua posteridade, seus descendentes, que seriam tão numerosos. Supomos que ele talvez já imaginasse seu filho, seus netos, e tantas gerações que viriam a partir desse filho prometido. Ele tinha a garantia de Deus! Mas ele não sabia como isso iria acontecer.

Sarai, conhecendo o sonho de seu marido, sabendo o quanto um filho era importante para ele, chamou-o e sugeriu que ele tomasse sua serva egípcia, Agar, e com ela tivesse um filho. Abrão seguiu o conselho, procurou Agar e com ela teve um filho, ao qual foi dado o nome de Ismael.

E, passado um tempo, outra vez Iahweh apareceu a Abrão e lhe disse que ele seria pai de uma multidão de nações, e, por isso, ele seria chamado Abraão, e sua mulher seria chamada Sara. Com relação a

Sara, disse: "Eu a abençoarei, e dela te darei um filho; eu a abençoarei, ela se tornará nações, e dela sairão reis de povos (...) tua mulher Sara te dará um filho: tu o chamarás Isaac" (Gn 17,16; 19).

Apesar de ele e Sara já serem velhos, Abraão continuou crendo e tendo esperança, afinal, era Deus quem estava prometendo. Podemos imaginar o quanto uma promessa assim deve ter feito de Abraão um homem feliz, realizado. Agora viria o filho sonhado, aquele que ele sempre quis ter com Sara. Poderia ter sua tão desejada posteridade da maneira como ele havia sonhado. Quanta esperança e quanta expectativa ele pôs na vinda desse filho!

E aconteceu aquilo que ele tanto havia desejado. Chegou o esperado por tanto tempo. Sara engravidou. Abraão via que seu sonho estava próximo de se realizar.

Que alegria ele e Sara devem ter sentido quando o menino nasceu. Iahweh havia prometido, Abraão não duvidou, e ali estava o filho tão sonhado, Isaac, de quem viria a posteridade de Abraão e Sara. Isaac nasceu e cresceu rodeado pelos sonhos de Abraão.

Passou-se o tempo, e Isaac agora já era um menino grande, quase chegando à idade em que poderia ser considerado adulto. Aproximava-se o tempo em que ele também se casaria, teria filhos, e Abraão teria netos, bisnetos e aquela descendência tão numerosa como são numerosos os grãos de poeira da terra ou as estrelas do céu. E tudo isso porque Isaac, o filho sonhado, estava ali.

Abraão continuava a viver cuidando de sua família, cuidando dos problemas de sua comunidade, acalentando a esperança do futuro. Mas, num certo dia, tudo isso mudou. Iaweh chamou Abraão e lhe disse: "Toma teu filho, teu único, que amas, Isaac, e vai à terra de Moriá, e lá o oferecerás em holocausto sobre uma montanha que eu te indicarei" (Gn 22,2).

O que Abraão terá sentido nessa hora? Será que podemos imaginar com que perplexidade, com que horror ele ouviu essa ordem? Mas ele não reclamou. Não sabemos quais foram suas palavras nem seus pensamentos. Só sabemos que, quando Deus chamou "Abraão!", ele respondeu: "Eis-me aqui!". Sempre disponível, Abraão.

Quando amanheceu o dia, Abraão levantou-se cedo, selou o jumento e rachou a lenha que ia ser necessária para o sacrifício. Só ele sabia de que sacrifício se tratava, só ele sabia que ali se acabavam todos os seus sonhos. Chamou Isaac e dois servos e puseram-se a caminho para o lugar indicado. Chegaram no terceiro dia, e Abraão viu de longe o lugar.

Quanto Abraão deve ter sofrido durante essa caminhada, sabendo que caminhava para sacrificar seu filho, aquele tão desejado! Tudo desabando, ele mesmo se aniquilando. Nenhum sentido mais em sua vida. Pois Isaac era a promessa, era o futuro. Ele olhou o lugar onde seria o sacrifício, pediu a seus servos que esperassem ali e se dirigiu com Isaac ao lugar marcado. Abraão e Isaac levavam a lenha, o fogo e o cutelo. No caminho, Isaac perguntou ao pai onde estava o cordeiro que eles iriam imolar. Que dor esse pai deve ter sentido, sabendo que iria realizar o ato absurdo de sacrificar Isaac! Abraão respondeu que Deus proveria o cordeiro, e continuaram a caminhar. Quando chegaram ao lugar, ele construiu o altar e, amarrando Isaac, colocou-o sobre o altar, em cima da lenha, e, como havia sido ordenado, pegou o cutelo para imolar seu filho.

Detenhamo-nos junto ao pavor desse menino diante do gesto incompreensível de seu pai com o cutelo na mão. Nessa hora, Isaac sabe que vai morrer e Abraão também está morrendo, porque seu aniquilamento é total; ele está mergulhado no vazio completo. Já não há lugar para nenhuma esperança, para nenhuma expectativa. Tudo o que foi já não é, tudo o que seria não será mais e, agora, é só o vazio. Nesse mesmo instante em que Abraão, pai de Isaac, o tão sonhado, está morrendo, está nascendo Abraão, pai dos homens.

Foi preciso que o gesto terrível de Abraão fosse armado, que a ação fosse iniciada, que se desse a disponibilidade para o sacrifício. Só então sua ação é detida. Um anjo chamou Abraão: '"Abraão! Abraão!'. Ele respondeu: 'Eis-me aqui'. O anjo disse: 'Não estendas a mão contra o menino! Não lhe faças nenhum mal! Agora sei que temes a Deus: Tu não me recusaste teu filho, teu único'" (Gn 22,11-12). É por seu gesto que Abraão será sempre lembrado.

Nessa hora, Abraão viu ali perto um cordeiro e o ofereceu em holocausto em lugar do menino. Essa montanha foi chamada por Abraão de "Isaac proverá".

Depois de ter tido a coragem de abrir mão de Isaac, "o filho dos seus sonhos", ele pôde acolher Isaac, "real", aquele menino ali, seu filho.

Desde o momento em que Abraão soube da necessidade do sacrifício e durante o caminhar em direção ao lugar indicado, ele liquidou todos os seus sonhos; precisou se sentir como assassino de seus sonhos. Sabia que, quando descesse a montanha, no caminho de volta para casa, só lhe restaria o vazio. E ele aceitou, ele se dispôs nesse vazio. Por isso, agora, ao descer a montanha com Isaac, seu filho real, seu parceiro na hora do sacrifício, Abraão não é mais apenas quem gerou Isaac; ele é gerador dos homens, pois é aquele que mostra em seu gesto, de modo originário, a condição que caracteriza os homens: serem sonhadores e sacrificadores de sonhos. Por isso, ele é "o" patriarca.

Abraão é o protótipo do homem, aquele que sonha como ele alimentou seu sonho de ter com Sara uma descendência, como ele aguardou o esperado! Ele manteve seu sonho apesar das condições contrárias, porque ele era um homem de fé e tinha a garantia de Deus. E é também o protótipo do homem como aquele que, embora seja o sonhador, precisa ver seus sonhos morrerem para acolher o que chega, a realidade — e que realidade inesperada, adversa, absurda para a compreensão, imposta pelo mesmo Deus que havia garantido seu sonho! E ele ainda é o protótipo do homem por ser aquele que, em seu gesto, realiza em si, de modo autêntico, originário, essa condição essencial do Dasein: ser o vazio necessário ao vir-a-ser que caracteriza a existência.

Seu sacrifício é paradigmático, porque é o exemplo gritante que mostra essa condição própria dos homens: fecundar a realidade com seus sonhos e ao mesmo tempo servir de terra a ser fecundada pela realidade. Ele não discute com a realidade. Ele não pergunta: "Mas, Senhor, qual é o sentido disso? Por que essa contradição?".

Ele aceita e, em seu gesto, realiza esta condição própria dos humanos de ser húmus, terra fértil que acolhe a semente que cai sobre ela. Abraão é o exemplo, no mais alto grau, da total disponibilidade de aceitação dessa condição humana. É aquele que sempre responde ao chamado — Eis-me aqui...

sete

A TERAPIA E
A ERA DA TÉCNICA

No início da profissão, o terapeuta frequentemente sente-se pressionado diante de questões que lhe são dirigidas referentes à eficácia da terapia. Essas questões surgem em conversas cotidianas e muitas vezes são postas pelo paciente que o procura. O que se quer saber, em suma, é se a terapia funciona, se ela ajuda mesmo na resolução dos problemas e se é um processo muito demorado.

Nesse momento, se ele trabalhar com um referencial da psicologia comportamental, por exemplo, encontrará mais facilmente respostas. Mas, se ele estiver no referencial da Daseinsanalyse, poderá sentir alguma dificuldade em reconhecer, diante daquele que indaga, que a terapia não dá garantia de um resultado, não visa à cura, e leva tempo. Mas isso significa que a Daseinsanalyse não tem compromisso com nada? Se esse fosse o caso, para que ela serviria então? Ela produz algum efeito? Como isso se avalia? Quais são os seus critérios? Há alguma medida objetiva que possa avaliar se a terapia produziu a mudança, se ela correspondeu à demanda inicial?

É compreensível que surjam essas questões, pois elas fazem sentido em nossa época. Todos nós estamos imersos no mundo da técnica. Embora não haja propriamente conflito entre esse mundo e a nossa concepção de terapia, reconhecemos que ela não se encaixa nos parâmetros que vigoram neste nosso tempo em que as palavras de ordem são objetividade, pressa, controle.

Como é que se tem o "controle de qualidade" da terapia? Qual é o "produto" que ela oferece?

Diante dessas questões todas, é importante que pensemos um pouco a respeito do que é isso que estamos chamando de mundo da técnica.

Na linguagem corrente, técnica significa um modo de fazer alguma coisa, um meio para produzir algo. No mundo contemporâneo, porém, técnica não é simplesmente isso, ela não é um mero fazer humano. Ela não é também apenas uma dimensão entre tantas outras que compõem o nosso mundo.

Tendo como ponto de partida o pensamento heideggeriano em *A questão da técnica*, podemos dizer que a técnica é o que fundamentalmente caracteriza a nossa época. Esta é a época em que tudo pode ser produzido, em que tudo é factível, de maneira cada vez melhor e mais rápida e, por isso, tudo pode ser substituído por um modelo mais novo, não só no que diz respeito aos artefatos, mas em todas as áreas. As novidades produzidas surgem a toda hora e se impõem rapidamente. Nossa época tornou-se a época na qual não há mais lugar para mistérios, para nenhuma dimensão encoberta, para nada que recue diante do poder da razão e da vontade. Se não se conhece ou não se sabe algo, é só uma questão de tempo; é porque ainda falta pesquisar mais, aprimorar os cálculos, pois tudo é uma questão de cálculo, e as conquistas científicas estão aí e provam o poder do homem para produzir conhecimento útil ao progresso, para produzir mais técnicas, mais recursos para que tudo funcione melhor, para trazer facilidades, bem-estar, saúde, felicidade; para controlar as variáveis todas que possam interferir no desenrolar-se das situações, dos acontecimentos, da vida, para que tudo funcione de acordo com objetivos definidos como desejáveis. E, realmente, salvo certos acidentes de percurso, tudo funciona bem mesmo.

E tudo colabora para que funcione, pois o homem está convocado a cuidar do funcionamento, a olhar para a natureza como a matéria-prima a ser transformada para produzir todas as formas possíveis de energia para manter o mundo funcionando; a natureza está aí para isso mesmo, ser o fundo de reserva a ser explorado, transformado, armazenado, usado e, mais recentemente, reciclado. Não só a natureza, mas todo o real é visto como aquilo que subsiste para ser explorado. Mesmo o homem, aí ele está incluído como o material humano, também como fundo de reserva a ser convocado pelas exigências da técnica. A técnica mantém o homem adequado àquilo que lhe é proposto nesta época: ser aquele que, diante da natureza, diante de tudo o mais que ele encontra, deve extrair dali algo que diga respeito à produção de algo. E, para que ele se sinta bem, até para que produza bem, a técnica produz e vende as informações que o tornam ciente da importância do descanso, do lazer, do aprimoramento cultural. Ela torna disponíveis no mercado os meios para que ele cuide de si, ou seja, de sua mente, de seu corpo, de sua vida social, de sua chamada vida pessoal. Ela diz o que e como fazer para otimizar sua produção, para ser alguém agregador, capaz de autocontrole, de liderança, apto para ir em busca de seus interesses. Ela ensina também que é importante que ele se valorize, e isso se chama autoestima, que ele seja dono de suas opiniões, e isso se chama pretensamente autenticidade, o "seja você mesmo". Entretanto, mais do que em qualquer outra época, o homem hoje é jogado na impessoalidade, ele é "todo mundo". Ele é absorvido pela vontade autônoma da técnica.

Em outros tempos, na Grécia dos filósofos, a palavra técnica significava outra coisa. *Techne* designava o controle de um processo de produção e incluía também as artes. O importante da técnica não era o fato de empregar meios, mas o fato de que, ao produzir alguma coisa, essa alguma coisa, que até aquele momento não existia como realidade, estava no encobrimento, passava a ser real, era trazida à luz; alguma coisa que ainda não era passava a ser. Isso era produzir (*poiesis*) e produzir implicava a presença de uma *techne*. Ao mesmo tempo, também fazia parte daquele mundo a compreensão de que havia coisas que não eram produzíveis. Em nossa época, porém, tudo, em princípio, é produzível. Hoje tudo o que faz parte da realidade é visto ou como produção ou como matéria-prima para a produção, tudo se enquadra nesse esquema, e o que não se enquadra não é digno de ser pensado. Não há espaço para o que não se encaixa no pensamento calculador. Não há espaço para o mistério, para o sagrado; tudo, em princípio, está ao alcance da razão e da vontade. O pensável reduziu-se ao imediato, encolheu-se o horizonte. Não cabem mais aquelas perguntas que já fizeram parte das preocupações filosóficas no decorrer da história da filosofia: Que é ser? Que é o ente?

O progresso científico tem permitido cada vez mais um aumento do controle em todos os âmbitos, e a vontade de que tudo possa ser controlado só aumenta. Para controlar uma situação, é preciso ter sobre ela um conhecimento, até onde for possível, objetivo, estabelecer com precisão exatamente as metas a serem atingidas.

Técnica, então, atualmente, não é simplesmente sinônimo de procedimento. Um procedimento pode ter características pessoais, pode ser um jeito próprio de alguém realizar alguma coisa. Mas a técnica é impessoal, ela é autônoma com relação ao sujeito. Uma técnica deve poder ser usada por não importa quem, contanto que seja bem aprendida. E o que ela produz também deve servir para qualquer pessoa que pertença ao público ao qual seu produto é destinado. O importante é que haja um objetivo bem definido, a especificação dos meios, dos instrumentos pelos quais o objetivo será atingido. Ela deve chegar ao resultado previsto com exatidão, segurança e rapidez. Deve poder ser avaliada por meios previamente definidos com objetividade e, por isso, é importante a padronização em seu processo. Uma técnica é avaliada como útil quando é eficiente em vista do que se propõe atingir e quando o faz sem ou com o mínimo de efeitos colaterais, o que pode ser evidenciado por meio de pesquisas e com o emprego da estatística.

O que o mundo da técnica produz, seja o que for, um automóvel ou um preceito para que sejamos mais felizes, é sempre um produto disponível no mercado. E as diversas técnicas, elas mesmas, também são produtos a serem vendidos, elas são transferíveis.

Pelo fato de ser tão eficiente na obtenção de resultados, a técnica representa um poderoso instrumento de controle das mais diversas situações, e ter o controle é ter o poder. Em todos os setores do mundo atual a técnica está presente, e não é mais possível imaginar o mundo sem ela.

A história do mundo caminhou nessa direção sem volta, e tudo isso que compõe esse estado de coisas a que chamamos técnica já se estruturou de tal modo que agora funciona de maneira autônoma: a própria técnica gera mais técnica. Sua grandiosidade se espalha e se mostra por todos os lados, e ela se impõe como aquilo que dá a cara do mundo contemporâneo.

Diante desse panorama que compõe a época em que vivemos, é compreensível que o processo de terapia também seja visto e avaliado dentro dessa mesma perspectiva, pelos mesmos parâmetros: precisão de objetivos, eficácia, rapidez, apresentação de resultados. Terapia funciona? Fazendo terapia ganha-se um controle maior de si mesmo e das situações da vida? E, então, aquelas questões que são postas a respeito de sua eficácia têm sentido. As necessidades de controle, de domínio, por exemplo, que estão presentes em todos os setores no mundo da técnica, aparecem também nas palavras daquele que procura a terapia.

Há aqueles que chegam e reclamam das pessoas com as quais convivem, cônjuges, filhos, pais, chefes, subordinados, ou seja, o problema está nas relações em que estão em jogo questões de poder, de definir quem manda, e aí surge, ainda que veladamente, um desejo de exercer melhor o poder por meio do controle das situações.

E há os que reclamam de si mesmos e buscam o autodomínio. Alguns precisam dominar o corpo. A necessidade de controlar o corpo aparece em exemplos como estes: "Não gosto da aparência do meu corpo, quero ser magro, preciso aprender a dominar a minha vontade de comer, me ensine um jeito, pois dizem que tem gente que come por ansiedade, me livre da ansiedade. Ou você me aconselha uma cirurgia de estômago? Há técnicas novas para isso; o que você acha?". O desejo de domínio pode ser relativo a certos estados do corpo: "Transpiro excessivamente, isso deve ser emocional, porque acontece quando estou nervoso numa situação, eu quero saber como se faz para controlar essa coisa tão chata". Outro ainda chega e diz: "Meu problema é que eu tenho ejaculação precoce, e preciso controlar isso logo, porque está sendo um complicador no meu relacionamento". Há aquela mulher que quer poder dominar as dores que sente: "Meu corpo todo dói, e meu médico disse que é psicossomático; ele falou para eu procurar um psicólogo, então eu espero que, vindo aqui, você consiga fazer com que eu pare de sentir essas dores".

Outros dizem que precisam dominar as emoções, as fantasias, os momentos de angústia, de ansiedade. Não querem sentir raiva, tristeza, inveja, pois nesses momentos eles se sentem mal, e é preciso cultivar as emoções "positivas". Alguns vêm em busca de um jeito de modificar seus comportamentos agressivos, sua impulsividade, esse tipo de coisa que os atrapalha na vida social e no trabalho. Outros querem afastar a falta de ânimo, pois isso diminui muito a produtividade. Há os que buscam adquirir mais calma, pois estão explodindo em casa e no escritório, o que não é bom, isso está funcionando como um autoboicote em sua carreira. Aquele outro precisa aprender a não ficar tão absorvido por preocupações. Outros ainda precisam urgentemente controlar a compulsão: pela comida, pelo sexo, pelo trabalho. E há a busca aflitiva daqueles que precisam conseguir dominar um determinado TOC.

As queixas são de diversos tipos, mas o fato é que, quando alguém recorre a um terapeuta, ele tem a expectativa de que, a partir disso, possa encontrar uma solução para algo que está causando algum tipo de sofrimento. Há sempre uma sensação de opressão. Mas é ainda mais sofrido quando o que existe é um sentimento de estranheza: "Eu não consigo entender o que está acontecendo comigo, não estou me reconhecendo, não sei o que eu quero. Estou ficando diferente de todo mundo. De repente, estou agressivo à toa, outra hora baixa uma tristeza incontrolável". Ele sente que está vivendo numa submissão a isso que está se passando com ele, a isso que está sentindo e não sabe o que é. Sofre como alguém que foi dominado por algo. Ele precisa se livrar disso, precisa poder dominar esses sentimentos estranhos.

Em geral, a pessoa quer se tornar capaz de eliminar de si mesma certas coisas que a estão atrapalhando, quer ter mais poder para conseguir isso, e ela conta com o terapeuta como alguém que certamente tem poder para fazer com que ela atinja esse objetivo. Neste nosso tempo da técnica, faz muito sentido que, tendo detectado o que a está perturbando, ela queira saber com objetividade se o terapeuta vai conseguir responder à sua demanda e quanto tempo levará.

O que foi dito acima como exemplos das solicitações dos que procuram terapia é para ser considerado com muita seriedade, pois em cada um desses pedidos há um sofrimento. Entretanto, o que é preciso ser notado é que, em geral, a pessoa, ao chegar, expressa seu desejo de que o terapeuta seja capaz de livrá-la de alguma coisa que está atrapalhando e precisa ser extirpada de sua vida... e depressa! Ali existe certamente uma questão humana em jogo, cujo sentido mais amplo fica perdido na maneira como o mundo da técnica costuma se aproximar do humano.

O modelo da técnica faz-se notar na psiquiatria, na psicologia. Aí estão presentes a necessidade do diagnóstico para ser definido com precisão o que se pretende atingir, a escolha do tipo de intervenção, a estimativa da eficiência do tratamento, a minimização de efeitos colaterais. Espera-se que o profissional responsável pelo emprego dessa técnica tenha segurança de que o resultado esperado seja atingido. Na clínica, de modo geral, quem procura o tratamento vai em busca do médico ou do terapeuta como alguém que poderá libertá-lo de um mal, afinal, esse profissional deve ter uma técnica eficaz para dominar ou controlar aquilo que o faz sofrer, e o profissional tende a corresponder a essa ideia. Ele procura detectar qual é o mal, qual é a doença, qual é o distúrbio. Ambos concordam que é preciso dominar esse mal.

No entanto, no caso de a terapia procurada ter por base a Daseinsanalyse, como se situa o terapeuta? Obviamente, esse terapeuta compartilha o mesmo mundo da técnica, é aí que ele vive seu cotidiano, sua rotina diária, usufruindo das comodidades que a técnica provê. Entretanto, tendo se aproximado das experiências de mundo e de ser humano próprias da Daseinsanalyse, ele insiste em pensar que o mundo, como horizonte a partir do qual todos os entes podem ser, inclusive a técnica, sempre recua para mais longe, ganha uma distância, não está contido no âmbito da técnica; ele insiste em pensar que o ser humano, em sua condição de ser o Dasein, o ser-aí, aquele para quem todos os entes se manifestam, tem uma destinação existencial que o distingue de todos os outros entes, ou seja, ele é chamado a ser o poder-ser que ele é. E esse poder-ser não se limita a corresponder às solicitações feitas pela técnica, mas se abre para muito além disso.

Ao receber o paciente, o terapeuta compreende as razões pelas quais ele foi procurado, mas deve saber que ali está só o começo. Ele sabe que não pode prometer realizar exatamente o que o paciente solicita naquele momento. Sabe que não tem esse poder. Sabe que aquilo que o paciente diz que é o seu "mal" está ancorado em tantas outras coisas que compõem a sua vida e que chegar perto disso para desmanchar certos nós leva tempo. O que o terapeuta pode é ter o compromisso de percorrer com o paciente um caminho em que, juntos, se aproximarão da história vivida por ele, dos seus modos de ser consigo mesmo e com os outros, dos seus planos de futuro, do que tem constituído a sua vida, incluindo aí aquilo pelo que ele procurou a terapia.

O que ele pode, honestamente, oferecer ao paciente é a parceria na procura pela verdade de sua história, da qual fazem parte o seu momento atual, o já vivido e o que está por vir, pois essa história está sempre em aberto; história que reúne sua realidade e seus sonhos, suas conquistas e suas perdas; história que é a sua identidade. O tempo que durar essa procura poderá ser a oportunidade para que o paciente se dê conta de seu jeito de ser no mundo, para que ele amplie sua compreensão de si mesmo como alguém que tem a responsabilidade pelo cuidado de sua vida, cuidado esse que abrange os outros e o mundo. Mas o terapeuta não sabe quanto tempo será necessário. Basta isso para vermos como essa concepção de terapia se afasta dos parâmetros do tempo da técnica.

Diante daquela necessidade de controle, de domínio, fica para nós a pergunta acerca do seu significado. E o que se mostra aí é a necessidade de poder. E o que fascina no poder? Ora, o poder permite fazer o que quiser, realizar os desejos, destruir o que está pressionando, livrar-se do que incomoda; e o que incomoda pode ser uma pessoa, uma situação ou as amarras que nos prendem no pânico, na alucinação, no TOC, na depressão. Mas quando a pessoa olha para o que está vivendo e diz "sou eu o problema", como se livrar de si mesma? E quando ela olha para sua vida e se pergunta "para quê?", de que ela precisa se livrar? Da vida? A perspectiva seria, então, acabar com a vida? O terapeuta vê que a referência à possibilidade de dominar o problema ou de acabar com ele não resolve, não é a melhor.

A palavra dominar liga-se ao latim *dominus*, que significa, literalmente, mestre ou senhor e que nos faz pensar naquele que dá ordens. Mas a raiz de *dominus* é *domus*, e significa casa, ou o familiar. A casa nos mostra a intimidade. Em vez de precisar dominar o que incomoda, no sentido de controle, de exercício de poder, na tentativa de afastar o incômodo para longe, o terapeuta procura, junto com o paciente, dominar o que incomoda, mas no sentido de poder se aproximar do seu problema, se familiarizar com o modo como esse problema se mostra em sua existência.

Ao invés da atitude dominadora, a proposta é obedecer ao problema. Esta parece ser uma proposta estranha. Mas não se trata de obedecer como subordinação, e sim de obedecer no sentido que essa palavra também tem em sua ligação com *ob-audire*, isto é, dar ouvidos a. É importante dar ouvidos, ouvir de perto o que está nos dizendo aquilo que nos incomoda. A referência, então, é outra: dominar é ter familiaridade; dominar é obedecer.

Dominar o corpo é ter familiaridade com ele, é aprender a ouvi-lo. De um modo vigoroso, a literatura consegue mostrar o que é essa familiaridade.

Saint-Exupéry, piloto e escritor francês, em *Terra dos homens*, conta o que ouviu de seu amigo Guillaumet quando este, considerado morto após o pouso forçado de seu avião na neve dos Andes, reaparece e diz, orgulhoso dos humanos: "O que eu fiz, palavra que nenhum bicho, só um homem era capaz de fazer".[1] Guillaumet, em seu relato, diz que, quando conseguiu sair do avião, cavou um abrigo na neve, onde esperou por 40 horas. Depois disso, andou durante cinco dias, sem comida, fazendo escaladas, pés, mãos e joelhos sangrando. Numa das vezes em que caiu, estava tentado a desistir de tudo e simplesmente dormir. Mas lembrou-se de sua mulher. Se parasse, ele morreria ali

---

[1] SAINT-EXUPÉRY, Antoine de. *Terra dos homens*. Rio de Janeiro: Editora Nova Fronteira, 2006, p. 35.

e, quando chegasse o verão, seu corpo rolaria com a lama para um precipício, nunca seria achado, e, assim, ela não poderia receber seu seguro de vida, ficaria na miséria. Havia um rochedo que emergia da neve 50 metros à sua frente. Pensou então: "Se me levantar, poderei chegar até lá. Se escorar bem o meu corpo na pedra, ele será descoberto quando vier o verão". Pôs-se em pé e andou mais três dias. Em certo momento, diz Guillaumet, "o coração me caiu em pane... Hesitou, deu mais uma batida... Uma batida estranha... Senti que, se ele hesitasse um segundo mais, seria o fim. Fiquei imóvel, escutando (...) Vamos, força! Veja se bate mais... garanto-lhe que é um coração de boa qualidade". O coração hesitava, mas depois recomeçava. Guillaumet acrescenta: "Se você soubesse como tive orgulho do meu coração!".[2]

Nessa descrição, nós nos deparamos com um ser humano jogado numa situação ao mesmo tempo de extrema indigência e de uma vontade imensa de sobreviver. E, quando essa vontade está terminando, ele ainda é impelido a resistir sempre um pouco mais, em nome do sentido que tem para ele o cuidado com a vida de sua mulher — como ele diz, coisa que só um homem era capaz de fazer. Ele vive intensamente suas sensações corporais, pois a fome, o frio, o cansaço, as dores são limitações que se impõem. Guillaumet tem o tempo todo sua corporeidade muito presente. Dá ouvidos ao que seu corpo está lhe comunicando, e, intimamente, "conversa" de maneira familiar com seu coração.

O escritor americano Hemingway, em *O velho e o mar*, descreve a naturalidade com que o velho pescador Santiago vive sua corporeidade, como ele confia na resistência do seu corpo capaz de aguentar a luta para não perder o grande peixe que ele já tinha fisgado, tendo, ao mesmo tempo, muito presente seu extremo cansaço e suas dores. Ele precisa da força das duas mãos, mas a direita já está ferida e a esquerda,

---

[2] Idem, p. 40.

que segura a linha, está tomada de cãibras. Essa mão não pode falhar agora! Ele reclama da mão rígida e inerte: "Que espécie de mão é esta? Toda cheia de cãibras. Até parece uma garra sem vida. Não presta para nada". Mas em seguida se propõe a ajudar a mão. Ele pensa: "Vamos (...) Coma o atum agora para dar mais força às mãos. Aquela mão não tem culpa e já se passaram muitas horas desde que senti o peixe pela primeira vez". Depois pergunta: "Como é que você se sente, mão? (...) Vou comer mais por sua causa. (...) Tenha paciência, mão, estou comendo isto para lhe dar forças". Quando vê que não consegue abrir a mão, diz: "Mas por enquanto não quero abri-la à força. Esperarei que se abra naturalmente e recupere a mobilidade por si própria".[3]

Esses são exemplos literários que nos falam desse modo de ser próximo ao que está se passando em nosso corpo, dessa capacidade de prestar atenção ao que o corpo está comunicando. E aqui podemos repetir: dominar é ter familiaridade; dominar é obedecer, é dar ouvidos ao que pede para ser ouvido.

Dominar as emoções é poder ouvir o que elas estão dizendo. É olhar para o que está aparecendo — estou muito triste — e poder perguntar: como é essa tristeza? É fria ou é quente? Porque há uma tristeza quente, que nos aproxima do mundo, que nos deixa comovidos com tudo, e há a tristeza fria, que é raivosa, é amarga, engole a pessoa para dentro dela. E a sua como é? E num outro momento — que raiva estou sentindo! Pare perto da raiva e ouça o que ela diz, para saber se é mesmo raiva daquela pessoa ou se é raiva porque ela se colocou numa situação em que você, que gosta tanto dela, não consegue ajudá-la. E naquela hora — eu não estou aguentando

---

[3] HEMINGWAY, Ernest. *O velho e o mar.* Rio de Janeiro: Bertrand Brasil, 2010, p. 62-64.

esta perda —, poder chegar bem perto de sua dor, sentir que não é possível afastar a dor da perda e aceitá-la como sua, ela vai fazer parte de sua vida; assim foi dado acontecer. A dor da perda que nos foi dada é proporcional ao tamanho daquilo que nos havia sido dado ter, e que perdemos. Não tínhamos mesmo garantia.

E essa sensação vaga de angústia que você está sentindo, será que ela não está lhe contando algo sobre a possibilidade de um crescimento que se anuncia? Você não está pressentindo que precisará abandonar um jeito conhecido de ser para vir a ser de outro jeito? E, enquanto o novo não chegar, como você ficará sem o abrigo do velho? Ficará como o siri que, ao crescer, quebra a casca e, desprotegido, precisa ficar na toca?

Dominar o comportamento é ouvir o que o comportamento diz. Esse comportamento que você está achando tão estranho, não está mostrando para você o seu medo, o seu desamparo como o de uma criança assustada por se sentir ameaçada?

E, quanto ao que está acontecendo nas suas relações, se você prestar bastante atenção, o que você ouvirá? Chegue perto da monotonia do seu cotidiano de que você tanto se queixa, do aborrecimento com a pessoa com quem você vive. Como você está sendo nessa monotonia? Talvez você veja que não é ou que não precisaria ser tudo assim tão igual e repetitivo. Você se lembra da música "Cotidiano" de Chico Buarque? A música começa com a seguinte frase: "todo dia ela faz tudo sempre igual...". Será que esse marido enxerga bem sua mulher? E ele, o que ele faz todo dia? Será que ele dá ouvidos ao que esse seu cotidiano está lhe dizendo? E, quanto a você, como é? E, se tudo for mesmo uma sistemática repetição, chegue perto desse tédio e ouça o que ele conta a respeito do que está sendo oprimido por ele.

Enfim, junto ao paciente, é mais importante deter-se no "como" ele está sentindo, no "como" está vivendo o que acontece com ele do que na preocupação em detectar o "que é" isso que acontece. É importante favorecer que ele possa se aproximar de seu modo de ser em sua vida cotidiana, dos sentimentos que aí estão presentes; possa ampliar sua compreensão de como tem sido seu modo de cuidar de sua existência, isto é, de seus projetos de vida, de suas relações com os outros e com as coisas em geral. Esse olhar de perto seu existir pode ser a oportunidade para que ele se dê conta de como seu jeito de ser, suas atitudes, o que ele faz e o que deixa de fazer repercutem no mundo; e também para que veja que nem tudo depende dele. Podendo se aproximar de si mesmo como uma história que está acontecendo, que está em aberto, é possível que surja um espaço para a esperança. A esperança supõe que se tenha, agora no presente, a perspectiva do tempo que chega do futuro. Um tempo que é a ocasião para que as coisas aconteçam.

E aqui aparece um jeito peculiar de lidar com o tempo que não cabe nos padrões do mundo da técnica. Para a técnica, o tempo é sempre calculado como um fator a ser levado em conta para decidir quanto ao uso de um procedimento. Na perspectiva da técnica, tempo e resultado são quantificáveis e, portanto, podem ser medidos. Para se atingir um resultado tal é previsto um tempo tal. Se tiver sido usado um tempo a mais, esse terá sido um tempo perdido, e perda de tempo deve ser computada como prejuízo.

    Certamente não podemos desconsiderar o passar do tempo medido pela contagem dos segundos, minutos, dias, meses, anos. Essa contagem do tempo pertence ao nosso modo mesmo de ser-no-mundo. Esse é o tempo cronológico. Mas essa marcação do tempo já é algo derivado do modo de "ser" temporal do Dasein, que é como estamos considerando o ser do homem. Ser temporal é constitutivo do Dasein, que é ser-aí e que é nesse aí, que é o Dasein, no qual o tempo se dá. E se dá como tempo em que futuro, passado e presente se alcançam reciprocamente, e esse dar-se do tempo é sempre a ocasião para o dar-se dos acontecimentos.

Porque temos do tempo essa compreensão que não se limita à concepção de um tempo linear, cujo passar pode ser avaliado ao olharmos para o relógio ou para o calendário, e o consideramos como a ocasião para que os acontecimentos se deem, para que as coisas se mostrem, podemos esperar que a terapia, que acontece concretamente num dia da semana, numa certa hora do dia, durante um provavelmente longo período de tempo, isto é, inserida no tempo cronológico, seja mais do que algo que acontece na linha do tempo. O encontro terapêutico é, ele mesmo, tempo, um tempo privilegiado, a ocasião em que o paciente pode se aproximar do seu existir. É quando, não importa se passado, presente ou futuro, tudo pode se apresentar a ele. É quando ele pode se ver como uma história que está acontecendo.

O tempo assim considerado abre para o paciente uma perspectiva de um depois. Isso faz uma enorme diferença. Eu me lembro de uma ocasião em que me queixava a meu terapeuta, contando a ele como estava arrasado com o fracasso de um projeto que era muito importante para mim. Dizia-lhe o quanto eu era desajeitado, despreparado, o quanto eu tinha sido arrogante na minha pretensão. Eu estava com muita vergonha de mim. Eu era um incapaz, e estava realmente disposto a abandonar os meus sonhos. Passei a sessão toda contando para ele honestamente, com detalhes, tudo o que me fazia sentir o sujeito incompetente que eu era. Ele deixou que eu fosse falando, e, só quase no fim, como quem realmente tinha compreendido as minhas razões para me sentir daquele jeito, acrescentou à minha fala duas palavras decisivas para mim: "por enquanto". Em seguida, comecei a rir. Eu era, sim, tudo aquilo, mas por enquanto...

Pelo que dissemos aqui, vemos que a terapia, como a concebemos, não se acha em conflito com o mundo da técnica, mas existe numa outra referência. Por tudo o que ela é, ela não tem como ser uma técnica, não pretende ser uma técnica, e, exatamente por não ser uma técnica, ela acontece como um dos poucos contextos que possibilitam a um ser humano da atualidade o poder cuidar de certas questões humanas, que ultrapassam os parâmetros que caracterizam o mundo em que a técnica é soberana.

O que a terapia pode fazer por alguém é aproximá-lo da verdade de sua vida, de si mesmo, e isso significa possibilitar que ele se aproprie de sua história. Apropriar-se de sua história é aceitá-la como sua, retomar e rever os significados e os sentidos do já vivido, do que está sendo vivido agora e poder ver que o tempo está sempre aberto. O modo como o problema que a pessoa havia trazido se encaixa no contexto da sua vida poderá ficar mais claro para ela, e é possível que apareça uma solução para ele, ou não. Aqui, lembramo-nos do dizer de Jung no prefácio de O *segredo da flor de ouro*, livro clássico do taoismo: há problemas que não são resolvidos, são ultrapassados.

O que possibilita a terapia é o fato de, como humanos, sermos dotados da palavra. A palavra inscreve todos os acontecimentos, todas as questões humanas na totalidade da história. A palavra constrói um espaço em que se pode morar.

A terapia não traz conformismo. A inserção histórica não significa diminuir-se diante do que aparece. Poder habitar a sua história, familiarizar-se com o que ela comporta de sonhos e de realidade é poder obedecer, isto é, dar ouvidos ao que pede para ser ouvido. Essa obediência é o que permite aceitar a realidade e ir além dela, transcendê-la, ganhar uma distância, poder ampliar um horizonte.

Mundo é o horizonte das possibilidades de manifestação dos entes, e a configuração do nosso mundo atualmente é dada pela técnica. Não obstante, ainda que seja essa a sua configuração particular, ainda que as referências significativas desse mundo se cristalizem na técnica, mundo "traz sempre consigo uma força de projeto. Todas as possibilidades de configuração de mundo jamais se resumem a uma possibilidade particular qualquer, de modo que toda e qualquer possibilidade particular de uma tal configuração já sempre encerra em si algo silenciado".[4] E, embora o Dasein seja sempre enraizado em seu mundo fático, embora ele possa se perder nas referências cristalizadas de seu mundo cotidiano, ele também pode ser "em sintonia com o que está silenciado em seu mundo e que, ao mesmo tempo, espera para ser acordado".[5] O que silencia é aquilo que permanece retraído, encoberto, não como mera negação dos entes, mas como o que, no encobrimento, traz em si mesmo a possibilidade de que haja a abertura para a manifestação dos entes, para o mundo como horizonte. O Dasein existe, *ek-siste*, aberto não só para o mundo como horizonte de tudo o que se manifesta, mas também para aquilo que se retrai, que se oculta e silencia.

Por isso, apesar do predomínio, da exuberância gritante da técnica, há a possibilidade de prestarmos atenção e darmos ouvidos ao que silencia, ao que fica no encobrimento. Talvez nos lembremos de que o essencial do homem não consiste em ser aquele que é convocado a ver nas coisas, na natureza, nas pessoas, um fundo de reserva para ser explorado, usado, tendo como meta a produção de algo. Talvez assim nos seja dado um espaço em que possamos não submergir na necessidade da pressa, do controle, do imediato. Talvez possamos ir mais além, mais longe, mais distante, numa distância em que tudo pode se dar, até mesmo a presença do divino, a distância que é o vazio de um horizonte que é de cada um.

---

4   CASANOVA, Marco Antonio. A linguagem do acontecimento apropriativo. *Natureza humana*, São Paulo: EDUC, vol. 4, n. 2, 2002, p. 321.
5   Idem.

Prece, uma poesia de Fernando Pessoa, nos fala dessa distância tão necessária e que constitui, a meu ver, o "pro-pósito" da terapia em Daseinsanalyse:

> Dá o sopro, a aragem, — ou desgraça ou ânsia —,
> Com que a chama do esforço se remoça,
> E outra vez conquistemos a Distância —
> Do mar ou outra, mas que seja nossa.[6]

---

6 PESSOA, Fernando. *Obra poética*. Rio de janeiro: Companhia José Aguilar Editora, 1969, p. 83.

oito

DASEINSANALYSE E CLÍNICA

No campo da psicologia, o que é entendido como clínica é principalmente a psicoterapia, ou seja, o trabalho clínico no consultório. Mas esse trabalho clínico pode ter como base concepções psicológicas diferentes, das quais resultarão diversas formas de psicoterapia. Assim, torna-se difícil dizer com precisão o que é a clínica. Não só variam aqui as teorias psicológicas, mas o próprio conceito de psicologia nem sempre fica muito claro. Por isso, quero me deter aqui na compreensão da palavra psicologia.

Aí encontramos, etimologicamente, logos e psique. Pensemos um pouco na história desses dois termos.

Podemos ver no livro de Heidegger, *Heráclito*, que a palavra logos já aparece no século 6 a.C. com Heráclito. Esse filósofo dizia em seu fragmento de número 50: "Auscultando não a mim, mas ao logos, é sábio dizer que tudo é um".[1] Se pensarmos o "um" como o que unifica ou reúne, compreenderemos o sentido de colheita que a palavra logos já teve um dia. Como colheita, como o que tudo reúne, logos pode ser pensado como o ser de tudo, o ser dos entes na totalidade. E, se os homens podem escutar o dizer do logos, isso significa que eles estão

---

1 HERÁCLITO. Fragmento 50. *In: Pensadores originários*. Petrópolis: Editora Vozes, 1998.

abertos para ele. Depois, porém, quando a lógica se desenvolve na metafísica, o logos passa a ser concebido como o enunciado, ou seja, como o que anuncia que algo é algo. Mas aí logos também se mostra como o que se anuncia no anúncio e, assim, logos se revela como a ideia. No anúncio, porém, toma-se algo como algo, isto é, ocorre um julgar, e esse julgar é expresso pelo verbo *reor*, do qual se deriva *ratio*, razão. E logos passa a ser considerado, então, razão.[2]

Em seguida, logos, que já significou aquilo que reúne tudo como um no ser e que é passível de ser escutado pelo homem, vai paulatinamente assumindo, no decorrer da história da metafísica, o significado de enunciado, de ideia, de juízo, de razão. E, por fim, logos chega a ser tomado como o conhecimento. É o conhecimento que ordena e organiza as determinações mais universais dos entes em categorias.

No mundo ocidental, o conhecimento considerado como logos constitui-se com um caráter especial que podemos descrever da seguinte forma. De modo geral, ele parte de situações ou casos particulares e, depois de um processo de abstração, chega a generalizações mais amplas, o que permite o estabelecimento de categorias e a formulação de leis gerais que possam reger aquilo que é conhecido; ou, a partir de princípios ou ideias gerais, dedutivamente, segundo as leis da lógica, chega à explicação de casos particulares. De um modo ou de outro, porém, é importante que ele opere com universais, e isso implica um distanciamento da realidade enquanto o "em cada caso", o "único", "esta coisa aqui". Assim, a partir de um certo momento da história da filosofia, as coisas do mundo, que aí estão para que sejam conhecidas, passam a se chamar objetos.

Para abstrair, é preciso deixar de lado as características particulares de cada objeto e buscar as características essenciais que o constituem. O singular é inscrito numa categoria que o contém e,

---

2 HEIDEGGER, Martin. *Heráclito*. Rio de Janeiro: Relume Dumará, 1998.

assim, o conhecimento pode desenvolver-se, organizar-se como verdadeiro, como *veritas*. Em resumo, é preciso que haja um afastamento do singular para que se constitua o logos.

Há algumas características próprias do conhecimento, dentre as quais podemos destacar quatro. Uma delas é a atomização, isto é, para conhecer é preciso decompor o que vai ser estudado em seus elementos mais simples. Isso vale para todas as ciências, incluindo a psicologia desde seu início, em seus estudos das sensações e no associacionismo. Mesmo depois, essa tendência se mantém nas teorias que descrevem os componentes da estrutura do psiquismo e seus mecanismos.

Outra característica é a procura por explicações causais. O objeto de conhecimento que está em jogo deve ser estudado tendo em vista a busca de explicações que justifiquem o fato de ele ser o que é, como é. As explicações são dadas em termos causais, isto é, o que vigora é o princípio da causalidade. Assim, passa-se a achar evidente que conhecer algo seja identificar suas causas.

Uma vez conhecidas as causas de algo, torna-se possível a busca de meios que permitam interferir nessas causas. Dessa interferência pode resultar a alteração daquela realidade. Conhecimento, nesse sentido, passa a ser um instrumento de intervenção, de modificação de uma realidade. A possibilidade de modificar uma realidade ou situação confere poder a quem a possui e, assim, o conhecimento se constitui como instrumento de poder. Não é à toa que Platão, que se dedica à criação de um sistema filosófico, idealiza também uma teoria política de organização da cidade. No decorrer da história do mundo ocidental, o conhecimento, sob a forma da ciência e da tecnologia decorrente, foi se tornando de tal forma necessário e poderoso, que hoje ele está presente em todos os setores, dominando o planeta.

Uma quarta característica decorre da anterior, pois, podendo interferir e modificar uma realidade, o conhecimento consegue controlar essa realidade de acordo com o que é por ele considerado desejável.

Nesse caso, conhecer equivale a ser capaz de submeter a realidade, de destruir o indesejável e, nesse sentido, ele é luta. Podemos pensar em exemplos: Se for conhecida a causa de uma doença e for possível interferir nessa causa por meio de um medicamento, isso significará poder eliminar essa doença; o conhecimento de um assunto numa determinada área pode ser usado por aqueles que o detêm como fator de pressão para a modificação do modo de pensar das pessoas sobre aquele assunto, em favor do que eles consideram como sendo o bem e contra o que eles identificam como o mal; mesmo no âmbito das religiões, algumas vezes é mais valorizado o conhecimento poderoso que luta contra o mal, representado pelo demônio, do que o saber que aproxima de Deus.

Embora o conhecimento resulte numa possibilidade imensa de atuação sobre a realidade, ele, em sua elaboração, em sua constituição como teoria, se faz em meio a uma determinada atitude de distanciamento diante das coisas do mundo. É preciso distanciar-se para conhecer, pois a ciência é feita abstraindo o que é particular e indo à procura do que é comum, do que pode ser categorizado e, assim, chegar a leis gerais. Quando o que está em questão é conhecer o homem, também acontece o mesmo. O homem, como objeto do conhecimento, é conhecido no distanciamento considerado como cientificamente indispensável.

Podemos dizer que o logos, tal como é entendido no mundo atual, é esse conhecimento racional que opera a partir de um recuo, de um distanciamento categorizador, em busca do universal. É o conhecimento que formula a teoria. Ele é geralmente simbolizado por metáforas que falam da luz da razão, que ilumina. São metáforas que privilegiam o olhar, o enxergar. Teoria, em grego *theoria*, contemplação, tem também um sentido que remete a um panorama que se estende diante da vista.

Se logos significa conhecimento, a palavra psicologia deve significar conhecimento da psique. E o logos que opera na psicologia tem as mesmas características daquele que opera nas ciências naturais, o mesmo distanciamento do seu objeto do conhecimento.

A palavra psique, de onde provém psiquismo, também tem, por sua vez, uma história.

Psique deriva-se do grego *psyche*, com o significado de sopro, como em um sopro de vida. Psíquico vem de *psychikos*, que é relativo ao sopro, à vida, aos seres vivos, à alma como princípio de vida. A palavra latina equivalente é *anima*, alma. Assim, no início, as palavras psique e alma descrevem uma peculiaridade dos seres vivos em geral.

Para Aristóteles, a alma é a forma, no sentido de essência, de todos os corpos naturais que têm vida. As plantas têm a alma que responde por suas funções de alimentação, crescimento, reprodução. A alma dos animais, alma sensitiva, desempenha outras funções, como discriminação, locomoção. E a alma dos seres humanos, além dessas funções que são comuns às plantas e aos outros animais, tem algo que a distingue, isto é, tem a faculdade da razão. O homem é o animal racional.

O pensamento de Aristóteles predomina durante toda a Idade Média, com as modificações introduzidas por São Tomás de Aquino.

No século 17, porém, Descartes rompe com a tradição aristotélica. A partir dele temos um dualismo: de um lado, algo que conhece, a *res cogitans*, ou seja, a coisa pensante, o pensamento, e, de outro, a *res extensa*, ou seja, a coisa extensa, a matéria, isto é, tudo o mais que há para ser conhecido, mesmo o corpo humano. A *res cogitans* é a substância pensante, a alma cartesiana, mas esta perde a característica de princípio de vida que possuía em Aristóteles. Então, com o cartesianismo que vem em seguida, a palavra psique passa a se referir àquilo que diz respeito ao sujeito, à subjetividade, mente ou consciência, à qual cabe conhecer o que existe no mundo externo a ela.

Visando à explicação de como é possível que exista o conhecimento, surgem as tendências racionalistas, que privilegiam a mente, a razão, como fundamento de todo o conhecimento possível, assim como as tendências empiristas, para as quais todo o conhecimento se deriva, direta ou indiretamente, da experiência sensível.

As teorias do conhecimento procuram esclarecer como a mente entra em contato com o que existe fora dela, como é que ela conhece o que há para ser conhecido e como podemos ter certeza de que aquilo que conhecemos é verdadeiro. Com isso, as coisas do mundo se transformam em objetos. É como se a coisa perdesse a dignidade de ser coisa para passar a ser objeto. E, nesse contexto, quando falamos da verdade, nós nos referimos a uma verdade objetiva a cujo conhecimento chegamos fundamentados no método científico.

No final do século 19, as questões relativas à mente e ao comportamento humano são levadas ao laboratório pela primeira vez para serem estudadas cientificamente. Na Alemanha, Wundt faz pesquisas na área de sensações e percepções, avaliando tempos e modos de reação diante de estímulos como cor, tamanho, profundidade, movimento. Preocupa-se com a capacidade mental de organizar ativamente as informações.

No século 20, Freud, tendo seu foco na clínica, começa a delinear sua concepção da estrutura do psiquismo e do seu funcionamento e descreve os mecanismos que nele operam. Aí não só estão presentes as palavras psique, mente, consciência, como também surge com importância muito grande a palavra inconsciente como forte determinante de grande parte do que se passa na subjetividade e no comportamento humanos.

Mas nesse mesmo século destacam-se também duas outras tendências importantes na psicologia: o behaviorismo, que com seus estudos do comportamento mostra a importância dos condicionamentos, e a *gestalt*, que estuda o fenômeno da percepção. Segundo o behaviorismo, só o que pode e deve ser conhecido do sujeito é o que é observável externamente, o que pode ser quantificado, medido e controlado, isto é, o comportamento. Esse é o objeto de estudo, de pesquisa. Desenvolvem-se, assim, as teorias comportamentais. O que antes pertencia ao âmbito do sujeito ou da subjetividade passa a ser visto como algo que pode ser estudado ou conhecido por meio do mesmo método científico das ciências naturais, com sua objetividade característica.

Além disso, com o desenvolvimento das pesquisas que visam ao conhecimento mais detalhado do cérebro e suas funções, aumenta a compreensão que temos dos componentes orgânicos que interferem nas emoções, no pensamento, nas doenças mentais. Nessa perspectiva, espera-se que a ciência objetiva, no caso a neurociência, dê conta da explicação da chamada vida psíquica. O que era a subjetividade torna-se algo objetificado. A alegria e a tristeza tornam-se uma questão de níveis de serotonina; a fé, uma questão de sinapses.

Nesse momento, notamos que a palavra psique, que já significou alma ou espírito, cede lugar à psique com outros significados: pensamento ou consciência que pensa o objeto; mente; psiquismo, que abrange não só o consciente, mas também o inconsciente. Nesse caso, o foco ainda é mantido na subjetividade, em algo interno ao homem. Ao mesmo tempo, porém, segundo o outro enfoque, o comportamental, embora o termo psique permaneça na palavra psicologia, pois fala-se de psicologia comportamental, esvazia-se o seu caráter de subjetividade, e o importante passa a ser o comportamento observável. Além disso, temos ainda a neurociência, que progride no estudo do cérebro, permitindo-nos falar de uma neuropsicologia, na qual a palavra psique que aí está contida diz respeito a um dado totalmente objetivo. Isso significa que aquela conotação de subjetividade que cercava a palavra psique evapora-se, na medida em que pensamentos, emoções, valores, problemas "mentais" podem ser explicados por estruturas cerebrais, enzimas, neurotransmissores etc.

Atualmente, a não ser a psicanálise, cuja perspectiva é a de uma estrutura inconsciente subjetiva determinante da experiência psicológica, ou seja, do modo como o objeto vai se apresentar à consciência, a maioria das teorias caminha em direção à objetificação do sujeito.

Assim, quando hoje empregamos a expressão clínica psicológica, a "psique" que compõe a palavra "psicológica" já não diz respeito ao que ela significou no passado.

E o outro componente da palavra, o "logos", significa agora aquele conhecimento que se organiza em teorias, que distancia seu objeto para poder explicá-lo, categorizá-lo. É o conhecimento que visa ao seu objeto, à psique, de um modo semelhante àquele que é próprio das ciências em geral.

Na clínica psicológica, embora o psicólogo não pense o tempo todo nisso, notamos o quanto, em geral, seu trabalho é determinado pelos padrões característicos do logos como conhecimento.

Sua tendência é geralmente esta: agir de acordo com aquela perspectiva que, diante do objeto a ser conhecido, procura decompô-lo para melhor encontrar explicações causais e, assim, poder interferir na realidade para produzir alguns resultados considerados desejáveis. É preciso conhecer as causas da queixa do paciente para poder lutar contra o "mal", seja esse o sintoma, seja o distúrbio, seja o que, no inconsciente, é o fator de perturbação. A clínica aparece como um processo de intervenção. O psicólogo frequentemente veste a armadura para ir à luta e, como São Jorge, matar o dragão. Nessa empreitada, ele acaba por se preocupar, pois a indústria química está matando mais "dragões" e com mais eficiência do que ele. Mas, uma vez mortos quimicamente os "dragões", controlados os sintomas, surgem outras questões. Uma pessoa pensa: "Que bom, com o remédio agora não tenho mais aqueles sentimentos de antes, não estou ansiosa, deprimida; foi tudo modificado por meio de uma química. Mas, então, os meus outros sentimentos o que são? O amor que sinto por meus filhos, a alegria que aparece às vezes, a saudade de certas pessoas, será que tudo isso também é só uma questão química?". Ou pode pensar: "Passou a coisa ruim que eu estava sentindo, mas minha vida continua sem sentido". Além disso, sabemos que a pressa em eliminar o que incomoda impede que a pessoa se aproxime de suas questões mais básicas. Não estamos negando, entretanto, a importância do acompanhamento psiquiátrico em certos casos, quando a necessidade de um remédio é fundamental.

Analogamente à atomização que caracteriza o conhecimento científico em geral, há a tendência de ver o problema trazido pelo paciente de uma forma pontual, de decompô-lo num aspecto específico. Com base nisso, o curar também é sempre pontual. Já existe o especialista em problema sexual, em anorexia, em crise de pânico. O importante é se ver livre daquele problema. O que acontecerá daqui a uns anos... bem, isso se resolverá depois com um outro especialista.

Na clínica psicológica tem prevalecido a intenção de curar o paciente, livrá-lo de um mal, de algo que está errado. A função do curar é pragmática. Curar significa eliminar algo, tal como na medicina é importante destruir o vírus, a bactéria, aquilo que está configurando a doença.

Se temos a perspectiva da cura, nosso trabalho mergulha nessa referência do mal e da necessidade de destruir, de eliminar o problema. O paciente pergunta como ele deve fazer para acabar com o problema. Ele não vê que aquela dificuldade pode ser oportunidade de crescimento; ele só se vê como alguém submetido a um mal. Por exemplo, o problema de alguém está nos receptores de serotonina; para resolver esse problema, ele precisa de um determinado remédio. Outro come demais e engorda muito; isso que está acontecendo é um erro e precisa ser eliminado. Nessa perspectiva, nem o paciente nem o terapeuta veem que ali há uma questão, sim, mas a questão é um convite para um crescimento, para uma aproximação maior da vida pessoal com as suas contradições. Eles veem que ali há um erro ou um mal que deve ser subjugado, e o quanto antes. Aquele paciente quer submeter a sua fome, reduzir o seu estômago. Ele pede ao médico que tire de suas mãos a liberdade de comer ou de não comer, ele não suporta lidar com a sua liberdade. A liberdade pode ser um fardo muito grande.

O paciente cobra do profissional que ele o cure de alguma forma, mesmo que essa cura implique perdas tão terríveis como quando ele pede que sua liberdade lhe seja tirada. A pressa em eliminar um problema pode eliminar também uma oportunidade de crescimento.

De modo geral, a clínica psicológica, algo tão concreto e presente nos tempos atuais, tem se ancorado em uma teoria do conhecimento que estabelece o logos categorizador como o modo privilegiado de conhecer e em alguns pressupostos metafísicos sobre o homem, o mundo, a realidade. O dualismo cartesiano ainda é tacitamente aceito, com tudo que decorre dele.

Mas, a partir da fenomenologia, e especialmente do pensamento de Heidegger, esse dualismo é superado e temos um novo paradigma, o ser-no-mundo, que modifica totalmente a nossa compreensão do homem, do mundo e do que significa conhecer, e isso repercute no modo como concebemos a clínica.

Como terapeutas ligados ao pensamento da Daseinsanalyse, ao pensarmos a respeito da clínica psicológica, nós nos situamos de uma maneira diferente tanto diante do logos como da psique, tal como aparecem na palavra psicologia, e, consequentemente, diante da chamada clínica psicológica. Quanto ao logos, a Daseinsanalyse faz uma crítica daquele conhecimento que, como logos, se assume como modelo universal e absoluto. E, quanto à psique, com o significado de uma estrutura interna, tal conceito, para nós, torna-se esvaziado de sentido, pois concebemos o ser humano como Dasein, ser-aí, originariamente sempre já ser-no-mundo.

Não consideramos o logos, conhecimento racional que se distancia do seu objeto para chegar ao geral, ao universal, como o modelo único ou privilegiado do conhecer. Pensamos que esse conhecimento, tão bem representado pelas metáforas que falam do olhar sob a luz — a luz da razão —, de certa forma rejeita o saber. Pois o saber se realiza em outras dimensões também. E, nesse caso, há outras metáforas que podem ser lembradas, aquelas que se referem a outros órgãos dos sentidos. No enxergar sob a luz da razão pode haver clareza, mas não há intimidade com o que é visto. E o saber se faz na intimidade. O saber é sempre um sabor, e o sabor é o gosto do que ingerimos, do que incorporamos; é algo que sentimos na boca. O saber se faz na proximidade. E como o tato aproxima! O olho não conhece no escuro, mas o tato, sim. O olho trabalha na distância; o tato, na proximidade, como quando podemos sentir algo com as mãos. Pelo olfato conhecemos o que nos rodeia e, metaforicamente, dizemos algumas vezes "isso não me cheira bem". E também dizemos que as situações e as coisas falam para quem sabe ouvi-las.

O saber aproxima, pode chegar perto da manifestação das coisas. Esse saber permite que tenhamos com elas uma relação de intimidade, que tenhamos com as coisas a liberdade de quem se sente na familiaridade e em casa com elas. E é exatamente esse o modo de conhecimento ou de saber que vem há muito tempo sendo posto de lado em nosso mundo.

O fato de esse saber ter sido posto de lado e de o logos ter sido privilegiado no decorrer da história da metafísica aparece junto com aquilo que Heidegger chama de "o esquecimento do ser". Penso que o esquecimento do "ser" começa com a recusa da intimidade. A proposta de se relacionar de longe com as coisas talvez seja a marca daquilo que se desdobra nas implicações do desenvolvimento da metafísica.

E no que se refere à psique, com a concepção de existência humana como Dasein, ser-no-mundo, conceitos relativos a uma estrutura psíquica interna e a um mundo externo deixam de fazer sentido para nós. Isso representa uma mudança radical em nossa compreensão a respeito de quem é aquele que nos procura em nossa clínica.

Ao propor o conceito de Dasein, ser-aí, que é ser-no-mundo, Heidegger mostra o que há de mais peculiar ao homem, aquilo que o distingue de todos os outros entes, mesmo dos outros animais. O Dasein é aquele que carrega consigo o vazio do seu próprio ser, esse vazio que é o espaço de tudo aquilo que ainda não é, que ainda não aconteceu, que ainda não se tornou real, mas pode ser, pode se tornar real. O existir humano tem o caráter de ser sempre não acabado, e, por isso, sempre vindo-a-ser. Dizermos isso implica algo surpreendente: o fundamento do homem como Dasein é um não-ser, pois só aquilo que, desde o fundamento, se apresenta como não-ser pode ter a característica do vir-a-ser.

Ao considerarmos a existência, ou seja, o Dasein, como esse que vem-a-ser, desdobra-se para nós a perspectiva do tempo: tempo que suporta, que instaura, que abre a possibilidade de que esse ente, cujo fundamento é não-ser, se dedique à tarefa de vir-a-ser. Existir é temporalizar. O Dasein temporaliza. O existir implica tempo — o dar-se de tempo para o Dasein e o ser aberto de Dasein para tempo.

Dasein, sendo fundamentado em um não-ser, é aquele ente cujo existir traz consigo a falta. Mas é igualmente aquele que, tendo como característica o vir-a-ser, tem o seu existir como encargo; e isso significa precisar cuidar dos desdobramentos de sua existência, ter de desenvolver-se para realizar sua vida. E a vida do homem se movimenta em direção ao que é sentido como capaz de preencher a falta. É aqui que aparece o sonhar, é aqui que surge o desejo. É curiosa a noção de desejo, pois o fundamento do desejo é o vazio da falta. Se nada falta, o desejo não se configura. Mas o desejo não é meramente falta. Ele busca algo, anseia por algo. O anseio, que brota da falta, busca um propósito, isto é, algo colocado adiante. Há no futuro alguma coisa que se anuncia como capaz de preencher a falta, e, no momento em que a falta encontra a forma que pode preenchê-la, configura-se o desejo por algo. Existindo, o homem deseja, faz planos, sonha com o futuro. Seu movimento de temporalização inicia-se na aspiração a algo que toma forma de alguma maneira no futuro e que assim se torna um apelo. Esse é o primeiro momento da temporalização, isto é, os homens sonham com o que ainda não é. O sonhar refere-se ao modo como o homem de fato existe: ele, o tempo todo, lança para adiante de si a configuração de propósitos, objetivos, intenções, motivos, desejos e, nisso que ainda não existe, ele se apoia para se relacionar com aquilo que existe. O jeito como ele age concretamente com as coisas que existem brota, nasce, justifica-se e se fundamenta naquilo que ainda não existe. O homem está sempre querendo chegar a algum lugar. Esse lugar, mesmo que ele não chegue lá, já está sempre presente no momento em que, nesta realidade concreta, ele dá o primeiro passo naquela direção. É a isso que me refiro quando uso a expressão: o homem é o animal que sonha.

Mas o homem é jogado também em direção ao passado, ao que já não é, mas já foi. Ele não só projeta e abre a perspectiva do vazio daquilo que orienta sua ação, como abre também a perspectiva daquilo que não existe mais, mas que, de certo modo, continua existindo nesse espaço vazio em que as coisas que foram podem retornar, pois o homem recorda. Ele traz de volta, porque o passado passa do ponto de vista concreto, mas o homem resgata isso que passa e traz o passado para a presença daquilo que se apresenta no presente. E é olhando para o passado que ele se depara com as relações existentes entre causa e efeito, e o estabelecimento dessas conexões instrumentaliza-o para ir em busca daquilo que deseja. Ele pode se orientar em direção ao seu propósito com base no que já sabe do passado. Esse voltar-se para o passado constitui o segundo momento da temporalização.

O terceiro momento, talvez o mais valorizado para a modernidade, é aquele em que a temporalização se efetiva como presente. Uma vez aberto para o futuro na referência do propósito, voltado para o passado em que, podendo considerar o já sido, os recursos possíveis se mostram para ele, o homem lança-se na tarefa de, no presente, realizar-se e ser a oportunidade para que se manifestem, tornando-se reais, as possibilidades dos outros entes no mundo. Nesse sentido, o presente não é apenas o momento que está passando, um ponto na linha do tempo cronológico, *Chronos*; ele é a oportunidade, a ocasião, é *kairos*. Ele é o âmbito, o espaço ou o "lugar" em que Dasein realiza o que deve realizar e se realiza enquanto ente que está vindo a ser.

Dasein é, então, esse ente aberto para as possibilidades nas dimensões do futuro, do passado e do presente; esse que, faticamente tendo de ser, realiza sua existência; esse, cujo modo de ser é ser-aí, é ser-no-mundo. E mundo é mais do que a totalidade de tudo o que existe. Mundo é, antes de tudo, o horizonte das possibilidades no qual tudo o que existe, toda a realidade, todo o universo pode aparecer, pode se manifestar; e é para o Dasein que os entes do mundo se manifestam em seu ser.

Dasein é o "aí" do ser, e, nesse sentido, Dasein é lugar; é o lugar onde mundo se faz mundo. E Dasein desdobra-se também em história; história em que a multiplicidade de todas as coisas, de todos os acontecimentos, ou seja, de tudo o que para ele se manifesta, se reúne como sendo manifestação do ser, isto é, se realiza. Além disso, Dasein é também o lugar do abrigo, o lugar do cuidado, da realização de todo o real. É no cuidado, o caráter essencial do ser-no-mundo, que o mundo se faz história e que Dasein se faz si mesmo, faz a história que ele é. O cuidado pode se realizar concretamente dos mais variados modos, incluindo os modos do descuidar, do cuidar mal.

Esse lugar, que é tanto espaço como tempo, onde futuro, passado e presente se alcançam reciprocamente, é o Dasein.

Dissemos antes que é no presente que o Dasein se realiza em seu vir-a-ser, de acordo com seu propósito, levando em conta o já sido. Mas o modo como ele compreende e avalia esse presente inclui mais do que isso; ele compreende o que está sendo como uma possibilidade que poderia ser outra diferente dessa que está sendo. Tomemos um exemplo. Você está assistindo à aula e, ao ver o sol lá fora pela janela, pensa: "Hoje eu poderia ter viajado, poderia estar na praia; amanhã, que é feriado, pode estar chovendo, e justo hoje estou aqui. Que pena!". Mas você poderia também estar pensando: "Nossa, ainda bem que hoje pude vir assistir à aula! Do jeito que eu estava doente ontem, achei que hoje não pudesse nem sair de casa". Você poderia estar na praia, poderia estar doente e muitas outras coisas "poderiam" estar acontecendo. Mas você sabe que isso não pode mais acontecer porque, se essas outras coisas tivessem acontecido, até este momento, isto que está acontecendo agora não poderia estar acontecendo, pois só uma possibilidade pode se realizar a cada vez, todas as outras são, de certo modo, "jogadas fora". No entanto, essas possibilidades que não mais podem ser, que também nunca foram, esse dia de hoje que podia ter sido e não foi, tudo o que não foi nem será, e, portanto, é puro nada, constitui um nada prenhe, um vazio pleno de possibilidades. O Dasein se caracteriza por ser essa abertura para o vazio das possibilidades. E essa condição de cheio de possibilidades permite que ele, apoiado nas possibilidades que são não-ser, ainda-não-ser e não-mais-ser, ou seja, a partir disso que é o não-ser, olhe o que está sendo e avalie. Avaliar significa inscrever o real no contexto do possível. O bom e o ruim naquilo que está acontecendo é dado quando colocamos o que está acontecendo, o real, no conjunto do possível.

Dependendo das possibilidades com as quais comparamos a realidade que se efetivou, nós nos sentimos felizes ou infelizes, satisfeitos ou arrependidos. No arrependimento diante de uma determinada situação penso: "Eu podia ter feito de outra forma naquela hora". É, só... podia, pois aquela hora já passou e aquela outra forma de ser não se realizou. Mas esse saber que "podia" faz com que isto que está realmente sendo agora fique colorido de um certo modo.

Aquele vazio pleno de possibilidades só pode se apresentar ao homem porque o homem fala. A palavra é, principalmente, o recurso que permite ao homem configurar o possível. Pela palavra posso fazer aparecer na comunidade dos homens o que é apenas possível e não real. A palavra é o recurso que de alguma forma confere uma certa realidade para tudo aquilo que não existe, que é mera possibilidade. E confere esta certa realidade porque permite que não só eu configure, imagine, perceba de certo modo essas possibilidades que não existem, como também que compartilhe com outros homens um conhecimento a respeito dessas possibilidades.

O fazer humano é ligado ao possível. O homem transcende, vai além, porque, pelo fato de ser capaz da linguagem, por ser possuidor da palavra, ele é arrancado do interior da realidade e projetado no espaço das infinitas possibilidades futuras, passadas, presentes. Ao ser jogado nesse plano das possibilidades pela fala, ele prova desse plano como chão, como fundamento, e é a partir desse plano que ele retorna ao real, qualificando esse real em termos de significados.

Retomando o que estávamos dizendo a respeito da clínica psicológica, depois de, ainda que rapidamente, termos nos detido em alguns pontos que caracterizam o pensamento da Daseinsanalyse, torna-se claro que a nossa visão do trabalho clínico deve apresentar características peculiares, coerentes com essa compreensão de homem, de mundo, de existência; coerentes com a superação dos dualismos sujeito-objeto, interno-externo; coerentes com o modo fenomenológico de abordagem das questões trazidas pelos que nos procuram para terapia.

Uma característica da clínica sob o enfoque da Daseinsanalyse consiste no fato de enfatizarmos não o curar, com o significado de eliminar um mal, mas o tratar, embora essas palavras guardem um sentido semelhante, pois tratar é cuidar, e cuidar tem a mesma etimologia de curar.

Tratar é compreendido como o exercício do cuidado. Compreendemos o paciente como alguém que precisa ser cuidado, que precisa de abrigo porque, por alguma razão, a existência dele se viu solicitada por algo ao mesmo tempo delicado, difícil e importante. Tudo que é delicado demanda cuidado, pede que seja bem tratado, pois o que é delicado se destrói com facilidade se for maltratado. O que é difícil precisa de cuidado, pede que a pessoa se detenha, pare para olhar melhor, pense bem, e, aí, cuidado quer dizer "tome cuidado". E todo cuidado é pouco em relação àquilo que é importante, que é valioso. Quando uma situação se apresenta com essas três características, ou seja, delicadeza, dificuldade e importância, ela surge como um problema que solicita cuidado.

Curioso é que a palavra problema, que pertencia primeiramente à matemática, passou a ser usada no sentido de problema psicológico. É comum, porém, que o paciente encare a expressão "problema psicológico" como uma coisa negativa e prefira dizer que tem um "problema existencial". Para a maioria das pessoas, ter um problema psicológico parece uma incompetência, uma vergonha, mas ter um problema existencial pode parecer coisa de gente profunda; lembra Sartre, angústia, filósofos, pensadores, artistas. Engraçado é que ainda não inventaram remédio para um problema existencial, só há remédio para problemas psicológicos.

Para mim, a palavra problema tem um sentido precioso. Descobrir seu significado me ajudou a compreender que há um valor moral de bem e de mal ligado à ideia de problema psicológico ou existencial. Em nossa época e cultura, problema é visto como impedimento, barreira. Tendemos a perceber no problema só o mal e esquecemos que ele carrega em si também a dimensão essencial do bem.

Lembro-me de uma brincadeira de moleque que consistia em dizer: "Eu sei a solução para qualquer problema". Quando a pessoa perguntava qual era a solução, a gente respondia: "Dar um tiro na cabeça. Morto não tem problema". Pensando depois nessa brincadeira, vejo que só os vivos têm problemas.

O termo problema indica que há uma barreira. Quando dizemos que temos um problema, indicamos, com isso, que esbarramos num obstáculo, numa barreira que impede nosso objetivo. Mas só há barreira para quem tem vida, tem força, tem pulso, tem propósito. Para quem não tem nada disso, não há problema. Uma parede diante de mim só é uma barreira se eu quiser passar para o outro lado e não dispuser de outra passagem. A barreira só é barreira diante do meu propósito, do meu desejo, do meu projeto, da minha necessidade de movimento.

A palavra problema vem do grego *próblema*, *atos*, derivado de *proballo*, em que o radical *ballo* tem o significado de lançar. Assim, essa palavra está em conexão com algo que é lançado, que se movimenta. Isso nos sugere que o problema surge carregando uma energia que faz com que alguma coisa se apresente como barreira, como algo que resiste. Só quando há algo existindo pode haver algo resistindo. Sendo o homem, como Dasein, aquele ente que se caracteriza pelo seu existir, que é um *ek-sistir*, ou seja, um ser já fora, no mundo, tendo de realizar seu projeto existencial, tudo o que se apresenta como obstáculo à sua realização aparece para ele como barreira, como problema. É a tensão da vida entre a força que *ek-siste* e a barreira que re-siste.

De certa maneira, ter problemas é uma expressão do vigor da vida. É como quando o pediatra diz que a febre alta da criança precisa ser controlada. Isso que é um problema é também sinal de que o corpo está reagindo.

Na perspectiva contemporânea, o ter de manter tudo sob controle e eliminar rapidamente qualquer sofrimento faz com que o lidar com um problema se reduza, frequentemente, à mera ideia de luta, de busca de dominação, o que leva à pressa de querer dominar o problema, sem levar em conta que é preciso, antes de tudo, que nos aproximemos dele, que ouçamos o que ele está contando sobre nós.

Nos problemas que fazem parte da vida, o que há é uma tensão que solicita atenção. Tudo aquilo que está tenso tem algo a dizer, expressa alguma coisa, fala de uma existência, conta algo de uma relação que articula esses dois elementos, existência e resistência, num jogo que pode ser uma verdadeira paixão. A tensão que aí aparece pede um cuidado, e esse cuidado tem o caráter do abrigo.

Enfim, compreender o ser humano como Dasein, isto é, como ser-aí, como ser-no-mundo, como o ente que se abre para o não-ser, para o vazio das possibilidades, aquele que é a sua história, história constituída não só pelo passado, pelo presente, mas também pelo futuro, aquele cujo caráter essencial consiste no cuidado com a própria existência, e isso inclui si mesmo, os outros, as coisas..., bem, compreender e aceitar o que tudo isso significa certamente confere uma marca bem definida ao trabalho do terapeuta daseinsanalista.

A tarefa da terapia daseinsanalítica consiste em tratar o paciente com o propósito de ampliar sua liberdade, para que ele possa se aproximar da sua história e fazer dela, propriamente, a "sua" história, na qual são acolhidos os fatos que já se deram, o que está acontecendo agora, e que se abre para o que pode vir a ser; em que cabem sua realidade, suas perdas, seus sonhos. Assim, não o passado, não o presente, não o futuro, não a conduta, não o sintoma, mas a totalidade da sua história: é essa a nossa referência na clínica.

Sabemos da dinâmica de dominação que opera em nossa cultura que enfatiza a luta, o poder. A palavra poder é vista, prevalentemente, como substantivo. Mas lembremos que ela também pode ser pensada como verbo; aí, então, poder significa possibilidade. É com esta conotação que o psicólogo daseinsanalista prefere pensar o poder em seu trabalho clínico. Ele sabe que não tem poder, mas acredita na possibilidade de que seu cuidado seja ocasião para que aquele que o procura possa prestar mais atenção às suas próprias dificuldades e às suas próprias possibilidades, possa cuidar melhor da realização de sua existência.

nove

TONALIDADES AFETIVAS NA TERAPIA

Temos como ponto de partida a concepção heideggeriana de homem como Dasein, ser-aí, que já é originariamente ser-no-mundo. Sendo no mundo, ele é a abertura que compreende o mundo, ou seja, é para o homem que todos os entes se manifestam. Ser essa abertura compreensiva é o que nomeamos com o termo compreensão. A compreensão não é tomada aqui no sentido comum de uma faculdade teórica de conhecer ou entender, mas sim como um caráter constitutivo fundamental do Dasein, ou seja, como um existencial. A compreensão articula-se com o caráter de poder-ser do Dasein. Ela projeta o campo existenciário em que ele pode realizar o poder-ser que ele é. Mas, além de ser a abertura compreensiva de mundo, o Dasein, sendo no mundo, sempre "se encontra" disposto de algum modo. A esse modo de encontrar-se na abertura é dado o nome de disposição, também um existencial, visto ser um caráter constitutivo do existir do Dasein. E, por ser a disposição um existencial, ou seja, algo que ontologicamente caracteriza seu ser enquanto existência, ela está presente junto a toda compreensão e a todo comportar-se do Dasein. Isso significa que ele "é" faticamente no mundo sempre numa disposição, a qual se expressa em tonalidades afetivas. O modo do homem ser no mundo, isto é, o modo como ele entra em contato com tudo o que vem ao seu encontro, é sempre marcado por uma tonalidade afetiva. Isso implica dizer que, onticamente, na vida humana está sempre presente tudo aquilo que chamamos de afeto, emoção, sentimento.

Em tudo o que vemos, fazemos, pensamos há sempre algum colorido afetivo presente, ainda que seja a equanimidade, a indiferença ou a apatia. Essas são maneiras como nos encontramos dispostos ante o que se apresenta a nós. Nosso relacionamento com as coisas, com os acontecimentos, com os outros, com nós mesmos, é sempre tocado por alguma emoção. O modo como o mundo se apresenta ao Dasein inspira o seu agir, ou seja, é o que o move, é o que constitui a emoção (do latim *emovere*, pôr em movimento). O mundo é sempre marcado por alguma tonalidade afetiva. É assim quando falamos, por exemplo, do mundo dos poetas, dos cientistas. Podemos também dizer que tudo aquilo que aparece com caráter patológico, como vemos no trabalho de Von Gebsattel sobre o mundo dos compulsivos ou quando falamos do mundo dos esquizofrênicos, diz respeito a uma tonalidade afetiva em que a manifestação da verdade, ao invés de se dar na textura familiar do sentir-se livremente "em casa" com o que se manifesta, se dá de um modo privativo caracterizado por estranheza, ameaça, hostilidade, desabrigo, sofrimento.

A presença de tonalidades afetivas em tudo é tão marcante que, mesmo naquilo que diz respeito à relação do homem com a verdade, ou seja, naquilo que poderíamos supor que fosse uma atividade meramente do assim chamado plano "racional", aí também estão presentes as emoções. A verdade de que estamos falando aqui não tem o sentido tradicional de verdade como adequação entre o intelecto e a coisa ou como a verdade da proposição. No pensamento de Heidegger, a verdade é tomada com o significado de *aletheia*, o não esquecido, o que é retirado do encobrimento, verdade é aqui desocultação. É a verdade que se articula ao ser livre do Dasein, esse ente que é aberto, é lançado e é fundado em suas possibilidades de ser; esse que libera os entes intramundanos para que se manifestem em sua verdade, libera os acontecimentos para que se apresentem como são. E a verdade libera o homem para ser mais plenamente si mesmo. A articulação entre verdade e liberdade é expressa numa frase muito antiga: a verdade liberta. A liberdade a que nos referimos é aquela que significa familiaridade, estar à vontade na intimidade diante do que se apresenta. Nessa liberdade, as coisas não nos aparecem como estranhas e distantes. É a liberdade tão bem exemplificada na familiaridade com que o pianista, ao tocar o piano, entrega-se a ele e o libera para a plenitude de seu ser piano, enquanto o piano viabiliza a liberação do pianista em sua plenitude como pianista e isso tudo como ocasião para que se manifeste a música. A experiência da proximidade, da familiaridade com a verdade é emocionada e emocionante. E, quando se trata da terapia, o aproximar-se da verdade da própria história significa sentir-se livre, naquele sentido de poder se familiarizar com o que se apresenta, para deixar que o passado, o presente e o futuro sejam liberados e se manifestem em sua verdade. Por isso, podemos dizer que a terapia é libertadora.

Gostaríamos de pensar aqui a respeito das tonalidades afetivas presentes na terapia.

Sendo a disposição, como um existencial, um caráter ontológico do Dasein, isto é, algo que pertence ao modo de ser tanto do paciente como do terapeuta, disso decorre que a terapia é sempre permeada por tonalidades afetivas.

A terapia é uma situação em que duas pessoas, paciente e terapeuta, convivem por algum tempo e em que o paciente expõe muito de sua intimidade, entra em contato com suas emoções junto ao terapeuta, que está ali para ouvi-lo, para acolher, com ele, aquela história que vai se desvelando, que vai aparecendo em sua verdade. O paciente se aproxima da verdade de sua vida, de si mesmo. O aproximar-se dessa história, por parte do paciente, é carregado de sentimento. Por parte do terapeuta, este também é tocado afetivamente pelo que vem do paciente. Pois ali estão dois seres humanos convivendo num projeto comum. Emoções diferentes podem estar presentes nos diversos momentos.

Numa abordagem fenomenológica, queremos aqui chegar perto daquele momento inicial desse processo para compreendermos como tanto o paciente quanto o terapeuta aproximam para eles mesmos a terapia que está começando. O que significa para o paciente começar uma terapia e o que significa para o terapeuta começar a atendê-lo? Qual a tonalidade afetiva nesse primeiro momento? Onticamente, que sentimentos estão presentes na situação inicial?

Quanto ao paciente, o primeiro sentimento que surge, ainda mesmo antes de ele chegar à terapia, é a vergonha. Precisar de terapia é sentido como um fracasso; é se reconhecer fraco, incompetente; é estar na perspectiva de se expor na sua limitação. Percebi isso em mim mesmo na minha experiência como paciente. Na primeira vez que procurei terapia, eu estava morrendo de vergonha. Tinha a impressão de que precisar de terapia era me expor na incapacidade de cuidar sozinho da minha vida, da minha existência. Essa vergonha aponta na direção de uma tonalidade afetiva que chamo de desabrigo. Todo sentimento de vergonha fala da sensação de estar exposto, isto é, de não estar protegido.

Outro sentimento muito forte que aparece é o de diferença. A pessoa procura a terapia porque se sente diferente de "todo mundo". Quando se sente igual a todos, ao ter um problema, ela pode procurar vários recursos, mas não vai procurar terapia. Ela vai para a terapia quando sente: "Eu não sou como todos os outros, sou diferente". Ela se sente, de alguma forma, arrancada da massa, excluída da maioria — e muitas vezes busca a terapia com o propósito de poder voltar para o "todo mundo". A experiência de sentir-se assim arrancada corresponde ao desabrigo.

Aparece também uma culpa. Buscar a terapia é perceber que há um erro e reconhecer ou supor que, de alguma maneira, o errado seja eu, o erro esteja em mim ou, mais do que isso, que o erro seja eu. Pois, se o erro estiver no mundo, posso buscar a polícia, a justiça, os partidos políticos ou qualquer outra coisa. Quando me identifico com o erro — e aqui estou falando não da errância, mas do erro mesmo, da coisa feia, da coisa inadequada, da coisa torta —, quando sinto que não tenho justificativas ou que elas são insuficientes, então, de algum modo, me reconheço culpado. E isso também corresponde ao estar no desabrigo.

Perplexidade e estranheza começam a fazer parte da minha experiência, e disso surge uma mistura de sentimentos de medo e raiva. Quando procuro a terapia, de alguma maneira, minha experiência deixou de ser algo familiar; ela transitou do âmbito da intimidade de ser a minha experiência para se tornar uma experiência de intimidação. Existe uma sensação de ameaça, de alarme, uma sensação de que a vida cotidiana perdeu o sentido de familiaridade; eu me estranho com a minha experiência; eu me estranho comigo mesmo. Perdi a proteção do meu ritmo costumeiro: não durmo como antigamente, não dirijo do mesmo jeito, não me sinto seguro como antes. Enfim, tenho a sensação de ter perdido algo e de estar mais exposto. Essa situação é vivida com medo e com raiva: raiva de mim, raiva do mundo, raiva do outro, às vezes, antecipadamente, raiva do terapeuta, que, na minha fantasia, não tem as mesmas sensações que eu. E aqui também estou no desabrigo.

Finalmente, os sentimentos de desencanto e desconfiança: essa sensação de desânimo, de desinteresse, de distância com relação à própria vida; a sensação de estar vivendo a vida como se estivesse fora dela. Isso tudo faz parte do desabrigo.

Então, embora no momento em que procura a terapia a pessoa a veja como algo que lhe diz respeito, algo de que ela precisa, que ela quer, que ela deseja, nesse momento a tonalidade afetiva desse Dasein é a do desabrigo presente naquele que de algum modo perdeu a proteção.

Por parte do terapeuta, o primeiro sentimento que percebo aí é o medo. O terapeuta tem a sensação de que o paciente é um desafio. Nos meus primeiros tempos como terapeuta, ao cumprimentar meus pacientes, sentia que todos tinham mãos quentes, até que compreendi que as minhas mãos é que ficavam geladas. Esse medo tem algo em comum com a ideia da luta a favor da saúde contra uma doença, na referência metafísica de luta contra o mal. Entrar em contato com o paciente seria inaugurar uma luta contra o mal, que eu não sei se vou ganhar ou não.

Mas, mesmo saindo dessa referência e nos colocando na perspectiva da Daseinsanalyse, em que a proposta é outra, não a de lutar contra a doença, mas a de se aproximar do paciente e buscar com ele a compreensão do que o faz sofrer, ainda assim aparece o medo. Com um paciente gravemente comprometido, temos o medo do "contágio", porque "a doença mental é altamente contagiosa". Os estados emocionais "passam" de uma pessoa para outra com muita facilidade. O terapeuta começa a entrar no tema do paciente que está profundamente deprimido, ansioso, angustiado. Tem a impressão de que vai ser arrastado na dinâmica do paciente, assusta-se e retrai-se. Algumas vezes me vi apelando para alguma teoria como uma forma de me descolar do paciente, porque estava realmente com medo de ser arrastado por ele.

Um outro medo é o de não ter nada a dizer. Quando a proposta não é a de lutar, mas a de se aproximar, de se desarmar para chegar perto e tentar compreender, a sensação pode ser esta: "Tá, eu compreendi. E agora? O que faço com isto?". É o medo da impotência. É o medo de chegar tão perto do paciente e não poder fazer nada. Isso assusta. É como se a compreensão tivesse de se desdobrar em algum outro tipo de ação ou intervenção e o terapeuta não soubesse o que fazer. Esse medo aponta para uma tonalidade afetiva que chamo aqui de estar-lançado.

O estar-lançado é uma referência muito próxima do estado de desabrigado do paciente. Enquanto no paciente se destaca o desabrigo, no terapeuta se destaca o estar-lançado, que é o estar projetado para dentro de uma situação, e de uma situação que gera não apenas medo, mas muitas expectativas. Às vezes tenho a impressão de que o terapeuta tem mais expectativas com relação à terapia do que o paciente. O paciente chega com o "pé atrás"; o terapeuta, com suas expectativas, sente-se em jogo nessa terapia que começa. Sua expectativa se desdobra na vontade de ser capaz, de ser competente. Ele quer que as coisas funcionem, o que seria, numa linguagem de nossa época da técnica, a expectativa de que tudo seja tecnicamente correto, de acordo com determinados objetivos. Ele deseja que a terapia dê certo, deseja corresponder à expectativa do paciente, ser bem-sucedido em seu trabalho.

O desejo de ser bem-sucedido está em conexão direta com o respeito pela pessoa que o procura, mas, além disso, é importante também socialmente para o terapeuta. Temos medo de que os pacientes saiam falando mal de nós. Dá medo sermos comprometidos na frente dos outros. Se acontecer alguma coisa muito grave com meu paciente, o que vão pensar de mim? E se depois de um ano de terapia o paciente estiver pior? E se o paciente se matar? O terapeuta teme afundar socialmente. E isso significa afundar também financeiramente. Essas expectativas ligadas ao ser admirado, reconhecido, bem-sucedido também se referem ao estar-lançado e, por isso, chego a pensar que, no início da terapia, talvez quem tenha um problema seja o terapeuta (problema, do grego *próblema*, atos < *probállo* — lançar, precipitar, colocar diante, começar uma luta < do verbo *bállo* — lançar). Em sua origem mais remota, a palavra problema diz respeito a lançar, a estar na iminência de estar lançado. E nesse início de terapia quem está se lançando, de fato, é o terapeuta. Pois o paciente, naquela situação, já está lançado; ele já está carregando o desabrigo de alguém que sente que caiu. O terapeuta tem a sensação de que ainda não caiu, mas está em vias de cair ou de não cair. Fica, então, na torcida, querendo que a terapia decole.

A terapia, então, começa basicamente com as tonalidades afetivas do desabrigo e do estar-lançado. À medida que o acontecer da terapia se desenrola, porém, ela caminha numa direção em que é possível que a tonalidade afetiva predominante seja outra, a confiança.

Para falar da confiança, quero antes fazer algumas considerações sobre angústia e culpa, pois isso pode nos ajudar a compreender o significado do que estou chamando de confiança.

Medard Boss, em seu livro *Angústia, culpa e libertação*, distingue a angústia e a culpa patológicas da angústia e culpa existenciais. A angústia existencial é basicamente medo da morte, do não mais ser, do nada. E a possibilidade da morte está sempre diante de nós. Diz ele: "Mas se alguém se mantém realmente aberto à essência total e não disfarçada da angústia, é aí justamente que ela abre aos seres humanos aquela dimensão de liberdade na qual, e só então, se possibilita o desdobrar das experiências de amor e confiança".[1] É aí que acontece a superação da angústia.

Embora Boss destaque a questão da morte, o medo da morte, podemos dizer aqui que a angústia existencial diz respeito ao tremendo desamparo no qual o Dasein vive quando se apropria de si mesmo, isto é, quando se percebe, com maior ou menor clareza, de si mesmo, como um poder-ser aberto e lançado na indeterminação

---

1 BOSS, Medard. *Angústia, culpa e libertação*. São Paulo: Duas Cidades, 1981, p. 36.

do futuro, o que é profundamente aflitivo e assustador. E não é só diante da indeterminação do futuro que ele vive. O significado dos fatos do passado também é indeterminado, pois o significado do vivido pode mudar radicalmente ao longo do tempo, uma vez que novos acontecimentos podem levar a uma compreensão diferente do passado. Estar lançado na indeterminação é angustiante.

Nessa condição da angústia existencial, o primeiro movimento do Dasein é procurar abrigo. Ele vai se abrigar exatamente no "todo mundo", no "todos nós", ou seja, nisso que, se perguntássemos — quem é? —, a resposta seria "ninguém", pois não é esta ou aquela pessoa, mas é "a gente". É nos parâmetros do impessoal, que se expressa no pronome "se" quando dizemos "é assim que 'se' faz, é assim que 'se' pensa", "é isto o que 'se' espera de você", que o Dasein se sente confortável, pois, desse modo, aquela indeterminação é excluída e substituída pelas determinações ou referências dadas pelo coletivo, nas quais ele pode encontrar apoio e se enquadrar. Ao se enquadrar nas expectativas, nos padrões, nos significados já estabelecidos por "todo nós", ele se livra da indeterminação do aberto. Está protegido, mas expõe-se ao risco de ficar preso no abrigo. É como alguém que está num campo exposto a uma tempestade e, de repente, encontra uma casa onde pode se abrigar; ele entra, bate a porta e, em seguida, descobre que a porta não tem maçaneta do lado de dentro que permita abri-la para poder sair de lá. Então, aquilo que abriga é também o que aprisiona. A impessoalidade do "a gente", ao mesmo tempo que abriga, também impede o Dasein de ser propriamente si mesmo. Eu diria mesmo que o impossibilita de, sendo mortal, poder morrer a "sua" própria morte. Distanciado do seu si mesmo mais próprio, o Dasein torna-se aqui estranho para si mesmo. Aquilo que era a angústia existencial diante da indeterminação do futuro torna-se uma angústia patológica, pois, embora consiga encobrir a indeterminação, substituindo-a pela perspectiva do que é esperado por "todo mundo", do que é antecipado pelas estruturas da cultura, do que traz garantias, Dasein ainda assim é ameaçado pela possibilidade de ocorrências de tudo aquilo que não pertence às previsões, de tudo o que sai do controle. É como se ele estivesse se defendendo de alguma coisa, sabendo ao mesmo tempo do caráter instável da defesa. Sentir o caráter instável da defesa é o que constitui a angústia psicológica e subjetivista. Essa é a angústia que, na psicopatologia e na psicanálise, designa um estado patológico.

A angústia patológica só pode ser superada pela radical entrega à angústia existencial. E o que significa isso? Significa poder viver acolhendo a indeterminação do aberto, a imprevisibilidade do futuro, a incerteza. Poder entregar-se à possibilidade dessa angústia significa para o Dasein efetivar sua abertura de um modo mais pleno, num movimento de acolhimento de tudo aquilo que vem ao seu encontro, de acolhimento dos acontecimentos, e isso faz parte de sua destinação existencial. E nesse movimento de aceitação, de acolhimento, a tonalidade afetiva que está presente é a da confiança.

Quanto à culpa, por sua vez, Boss nos fala que o sentimento de estar "devendo" algo presente na culpa refere-se a um dever mais essencial. Ele parte da concepção heideggeriana do Dasein como a clareira em que os fenômenos do mundo podem aparecer e ser, isto é, da compreensão de que a abertura do Dasein é necessária para que se dê a manifestação dos entes. E o que o Dasein está sempre "a dever" é o corresponder a esse chamado para ser clareira do ser, para "(...) cumprir a missão humana de guardião e pastor de tudo aquilo que tem que aparecer, que ser, e que pode se desdobrar na luz de uma determinada existência humana".[2] Ao corresponder a esse apelo, Dasein realiza a sua própria existência, e "não mais experimenta o estar-culpado essencial da humana como uma carga e uma opressão de culpa".[3]

---

2 BOSS, Medard. *Angústia, culpa e libertação*. São Paulo: Duas Cidades, 1981, p. 39.
3 Idem, p. 40.

Também a culpa, em sua origem, é existencial, pois a culpa apresenta para o Dasein a sua condição de "não ser e ter de ser". Porque seu existir é *ek-sistir*, é esse ser fora, jogado no mundo como um poder-ser, que ainda não "é", mas tem-de-ser, porque ele é poder-ser, aberto para o futuro, dizemos que existir é vir-a-ser. Dasein deve a si mesmo o ser que ele ainda não é. Todo Dasein, ao compreender-se como si próprio, sabe de si como um ente ao qual falta algo, ao qual falta ser algo.

Saber dessa falta é abrir-se ao ser existencialmente culpado. Na culpa existencial, há um apelo para deixar-se completar, para conseguir chegar a ser si mesmo. Esse estar devendo ao se ver lançado numa abertura onde ele não é, mas tem de ser, sem ter uma definição prévia do que tem de ser, aterroriza o Dasein, de tal modo, então, que ele procura abrigo no "todo mundo".

O "todo mundo" ampara o Dasein e, assim, aquela dívida essencial, a abertura para o poder-ser, transforma-se num dever ser que é previamente configurado com todas as regras, com todas as leis, com todas as normas que dizem o que alguém deve ser e o que alguém não deve ser. E, aí, aquela dívida, o dever ser si mesmo, passa agora a ser o dever ser isto ou aquilo, passa a ser a busca da realização de um modelo. Dasein, no amparo do "todo mundo", acredita que sua identidade é uma forma, esquece que sua identidade é sua história. Assim amparado, entretanto, como na condição da angústia, o abrigo do "todo mundo" pode aprisionar. A culpa deixa de ser, como em seu sentido existencial, um convite, uma proposta, um chamado para a realização, e passa a ser o apontar de uma falha, de um erro, de uma falta que deve ser objeto de punição, falta essa que está na referência como do passado, pois, quando Dasein busca falar de si mesmo como uma totalidade, é sempre o caráter significativo do passado que surge como o mais relevante. Então, a dívida torna-se um dever, e Dasein já não se pauta mais por aquilo que ele deve a si mesmo, mas sim por aquilo que o separa da realização ideal de um modelo que, se não conseguiu ainda atingir, é porque ele deve ter cometido algum tipo de erro, de falha, pelo que deve ser punido. A ideia da culpa se associa à ideia da punição no âmbito do "todo mundo". E aqui o Dasein começa a girar em falso, punindo em si mesmo uma falta que, na origem, é um não-ser, e que aqui tornou-se um ser errado, um ser do jeito que não devia ser. Nessa condição de perdido, a culpa existencial passa a ser um sentimento patológico de culpa.

E a culpa patológica só pode ser superada pela entrega à culpa existencial, pois essa é a originária e compõe também a sua destinação existencial. E nessa superação há um movimento de entrega, no qual, igualmente, está presente a tonalidade afetiva da confiança.

Notamos que a palavra confiança aparece aqui empregada em sintonia com as palavras aceitação, acolhimento e entrega. Falamos da confiança que se liga a um movimento de aceitação e acolhimento dos entes que se manifestam, dos acontecimentos que se dão; que significa poder acolher tudo aquilo que compõe a nossa história, seja o que foi, seja o que está sendo, seja o que pode ser, enfim, poder acolher o que vem ao nosso encontro na indeterminação do aberto, poder se deparar com a possibilidade da angústia existencial. E falamos também da radical entrega à culpa existencial, ou seja, ao nosso estar sempre incompletos, precisando realizar nossa própria história, tendo de, como Dasein, corresponder à nossa destinação existencial, ser a clareira para a manifestação dos entes em seu ser. A entrega é o movimento de confiança no qual o Dasein acolhe a doação de ser, pois é ser que se doa nos entes que se manifestam, nos acontecimentos.

Considero que todo o trabalho terapêutico, o do paciente e o do terapeuta, busca alcançar o mais plenamente possível essa confiança que implica aceitação, acolhimento de tudo que vem ao encontro e também entrega a isso que vem.

Aqui é importante dizer, primeiramente, o que acolhimento e entrega não significam.

Acolher o que vem ao encontro do Dasein não significa submeter-se. O pensamento ocidental se acostumou a associar o ser passivo como oposto ao ser ativo. No pensamento oriental, o oposto ao ativo não é o passivo, e sim o receptivo. É dentro dessa conotação que falamos aqui de acolhimento, isto é, como receptividade, não como submissão ao que acontece.

Também não estamos falando da indiferença que leva a aceitar tudo como se as coisas não fossem diferentes umas das outras, como se não existissem o bem e o mal, o bom e o ruim. Não se trata de um amor incondicional que se torna uma aceitação indiferente que faz com que nada mude em minha postura, não importando o que possa vir ao meu encontro.

Falamos de um acolhimento que não acontece na neutralidade, como se o Dasein pudesse acolher parado tudo aquilo que vem ao encontro, como se ele pudesse efetivar esse acolhimento sem estar em busca de nada, numa posição conformista. Uma aceitação que fosse assim neutra nos faria pensar numa recusa da condição de estar-lançado do Dasein. Pois o estado de lançado, do mesmo modo que o convoca para acolher o que vem ao encontro, também convoca o Dasein para "ir" ao encontro daquilo que ele vai acolher.

Portanto, não se trata de aceitação e acolhimento como submissão, indiferença, neutralidade. Acolher significa recepcionar alguma coisa e comprometer-se com o que está sendo acolhido. É aceitar sabendo que aquilo que chega faz parte de um processo, isto é, aquilo não é o fim, é algo que chega no meio de uma história que está em andamento. Ao acolher o que chega, a abertura de Dasein não diminui. Ao acolher, junto com o fato acolhido, Dasein acolhe também sua própria abertura, que diz que esse fato não é o fim da história; a história está num processo do qual não sabemos quase nada. Esse saber que não sabe é o que marca a confiança que fala de aceitação.

Ao pensar em aceitação e acolhimento, lembro-me de um texto de Miguel Perosa, *A lei da serenidade*, em que ele fala sobre a necessidade de aceitação do que acontece, de aceitação dos fatos, até mesmo para que a pessoa possa, a partir disso, decidir a melhor forma de lidar com eles. Aceitar é fundamentalmente um aproximar. Talvez a diferença sutil entre aceitar e acolher seja esta: acolher supõe um movimento. Quando acolhemos, nós não apenas aceitamos, mas damos guarida ao que chega. No acolhimento, aquilo que se apresenta é aproximado; é preciso aceitar chegando perto.

Quando chegamos perto dos entes que se manifestam, nós nos damos conta de que os entes em seu ser falam ao Dasein. A fala dos entes quando se aproximam do Dasein convoca, chama, pede coisas, apela ao Dasein. Dizer que os entes na sua manifestação, ao serem aproximados, convocam, pedem, significa que eles chamam o Dasein para junto deles. Essa convocação não é impessoal, uniforme. Ao nos aproximarmos dos entes intramundanos, que solicitam o Dasein para ser sua clareira, nós nos damos conta de que esses entes nos convocam de forma própria, a cada um de nós. Na convocação, somos solicitados a uma correspondência.

Quando Dasein acolhe os entes, que em sua direção são lançados pelo ser, e os aproxima, ele ouve essa convocação. E é correspondendo à convocação dos entes em seu ser que o Dasein os aceita e os acolhe na confiança. Não é confiança em si mesmo, não é confiança nos entes, mas é a confiança na manifestação dos entes em seu ser, que falam convocando o Dasein para algo.

O acolhimento e a resposta à convocação dos entes estão vinculados ao existencial que chamamos de cuidado (*Sorge*). Sabemos que, na concepção de Heidegger, o cuidar mal e o não cuidar também são modos do cuidado. São o cuidado em seu modo privativo. Mas aqui falamos do cuidado "cuidadoso", não descuidado. É neste modo desenvolvido do cuidado que o Dasein é amado para cuidar dos entes e para corresponder à convocação dos entes em seu ser.

Podemos dizer que o cuidado dos entes em seu ser consuma o Dasein em seu ser. Ele realiza o Dasein na sua mais própria e peculiar destinação existencial, a de ser a clareira em que os entes podem chegar a ser tudo aquilo que eles podem ser.

Agora, para a compreensão do que significa a confiança como entrega, é importante esclarecer o que não estou dizendo com a palavra entrega.
Entrega não é alienação. Lamentavelmente, a expressão "entregar-se" virou sinônimo de render-se, submeter-se a alguma coisa, o que significa uma recusa a ser si próprio. Não é incomum que a palavra entregar-se seja usada como sinônimo de abandonar-se. Entrega não é abandono, talvez seja justamente o oposto disso, pois no abandono existe uma alienação de si mesmo. Entrega não é entrega ao outro Dasein.
Entrega, compreendida como uma disposição de confiança do Dasein, é, fundamentalmente, o acolhimento da doação de ser. Se, quando falamos de aceitação, estamos nos referindo ao acolhimento dos entes, ao falarmos de entrega referimo-nos a algo mais radical. A entrega é o movimento de confiança no qual Dasein acolhe a doação. E ser é doação. O mais peculiar de ser é doar. Ser doa o ente sempre. E, na doação do ente pelo ser, configuram-se os dados, que são chamados assim mesmo, dados, até no âmbito da ciência. Nisso fundamentam-se todas as possibilidades do conhecimento e todas as possibilidades da aproximação e da intimidade que o homem pode estabelecer com as coisas do mundo ao seu redor. Mas, se é dando o ente que ser se dá, também é curioso que, na presença e manifestação do ente, o que se dê seja ser, pois ser se dá na manifestação do ente. A doação, que doa o ente, se doa como manifestação desse ente que ela doa. Ora, a doação é absolutamente gratuita. Essa é uma ideia que me é muito cara, a perspectiva de que a doação de ser é dita doação porque é de graça que ela se doa.

Ser se doa no ente e se doa a si mesmo de forma absolutamente gratuita para Dasein.

O acolhimento da doação é o que chamo aqui de entrega. Isso porque, ao acolher a doação, Dasein se entrega à sua própria destinação. A destinação existencial de Dasein se configura nesse acolhimento que recebe os entes na sua doação pelo ser; que recebe ser como a doação que doa os entes enquanto, ao mesmo tempo, doa ao Dasein o próprio ser do Dasein. Ora, a entrega ao seu próprio ser, à sua destinação, é a entrega a si mesmo como ser-no-mundo, não como um ser isto ou ser aquilo, mas como ser-no-mundo. É uma entrega à existência. E a tonalidade afetiva em que isso se dá é a confiança na doação de ser.

É disso que se trata quando dizemos que o processo de terapia, que começa numa tonalidade afetiva de desabrigo, vai em direção à confiança. Torna-se claro que aqui não estou falando de confiança no terapeuta ou em si mesmo. Na confiança, o Dasein aceita a indeterminação do aberto e acolhe os fatos, os acontecimentos que se dão, que se deram e que podem vir a se dar em sua existência. Também na confiança, Dasein se entrega à culpa existencial, ao seu ser incompleto, ao ter de realizar sua existência, cumprindo sua destinação existencial de ser clareira para a manifestação de tudo o que se apresenta e correspondendo àquilo que o solicita. Ele se entrega ao dar-se, à doação de ser, pois é ser que se doa nos entes que se manifestam.

Nessa entrega, Dasein pode tecer, contando com todos esses "dados" e com esse "dar-se", a sua história. Ele vai se tornando cada vez mais história.

Essa confiança que descrevemos aqui e que pode marcar um momento da terapia é o colorido afetivo presente nesses movimentos de acolhimento e de entrega. Nada disso acontece num contexto de mero entendimento intelectual. Aliás, faz sentido que seja assim, pois uma tonalidade afetiva sempre acompanha toda compreensão, todo comportamento do Dasein.

A disposição, como um caráter fundamental do Dasein, é o que não só possibilita, mas implica que tudo na vida seja compreendido numa tonalidade afetiva, que emoções estejam presentes em tudo, inclusive e especialmente no processo terapêutico. Nesse processo, o que predomina no início é a tonalidade afetiva marcada pelo estar-lançado e pelo desabrigo, e, pouco a pouco, passa a haver lugar para a confiança.

Podemos dizer que a terapia daseinsanalítica é a ocasião propícia para que alguém se familiarize com a verdade de sua história, que vai aos poucos se tornando desvelada para ele. Trata-se de poder ter a liberdade de se aproximar dessa verdade que o liberta para ser si mesmo, para ser sua história, para ser cada vez mais si-mesmo-no-
-mundo-com-os-outros.

FONTE FreightText Pro
PAPEL Pólen Natural 80 g/m²
IMPRESSÃO Paym